KB242111

2023 '작가'가 선정한

# 오늘의 영화

작가

# 모든 것들이 다시, 제자리로

## 복귀 혹은 재생

영화계의 간절한 기대가 담긴, 2022년의 단어일 듯싶다. 무려 3년에 가까운 팬데믹 기간 동안 가장 먼저 얼어붙어 가장 격렬히 고통스러웠던 곳 중 하나가 영화계였다. 일단 수많은 촬영 일정이 수정되었고, 개봉 계획도 밀렸다. 1986년 개봉된 이후 30년이 훌쩍 지나 속편의 기대감을 높였던 〈탑건: 매버릭〉은 첫 트레일러에, "2020 6월(June 2020)"을 예고했지만 '그 여름'엔 결국 돌아오지 못했다. 그랬던 〈탑건: 매버릭〉이 팬데믹의 끝 무렵, 2022년 5월, 영화의 재생 가능성에 대한 질문을 안고 영화관에 돌아왔다.

질문에 대한 응답은 우려를 넘어 기대 이상이었다. 〈탑건: 매버릭〉은 36년의 시간, 팬데믹 빙하기의 우려를 불식하며 전 세계적 흥행을 기록했다. 특히, 한국에서 2022년 5월 말 무렵 〈탑건: 매버릭〉은 상영관 취식 가능과 함께 팬데믹 종말의 상징으로 다가왔다. 극장이 오로지 영화만을 보는 고독한 사유의 공간만은 아니기에, 팝콘과 콜라를 먹으며 보는 영화, 사회적 교류의 1차적 기능이 영화 관람과 함께 다시 환기되었다. 말하자면 그건 일종의 재활 과정이었다.

팬데믹 종결에 대한 기대와 함께 〈범죄도시2〉 역시 천만 관객을 동원하며 우려를 넘어 기대감을 높였다. 〈탑건: 매버릭〉에 이은 〈범죄도시2〉의 흥행 지표가 영화, 상영관이 지난 십 여년간 누렸던 영광의 완벽한 재생 증거처럼 읽힌 것이다. 하지만 엄밀히 말해, 두 작품은 이미, 그 브랜드 가치가 입증된, 2편, 속편 영화였다. 〈탑건: 매버릭〉은 재래식 전투의 향수와 함께 영화관에서만 가능한 장쾌한 시청각적 향유를 제공했다. 가볍게 즐기는 캐릭터 코미디, 마블리 마동석의 〈범죄도시2〉는 오랜 기간의 전염성 질병이 준 피로를 가시기에 적합했다.

그러나, 영화 산업 전반의 회복이란 쉬운 일이 아니었다. 한국 영화의 전통적 성수기인 여름 시장을 노렸던 텐트폴 영화 4편이 모두 기대보다 낮은 흥행 성적과 수익을 거두는 데 멈췄다. 역시 영화의 흥행이란 단순한 예측이나 셈법을 뛰어넘는 복잡한 작용의 결과라는 사실을 다시 확인할 수밖에 없었다. 그럼에도 〈외계+인〉, 〈한산: 용의 출현〉, 〈비상선언〉, 〈브로커〉 등의 작품이 연달아 극장에 걸려 상영관에서 볼 수 있었던 것은 관객에게는 매우 의미 있는 회복의 경험이었다. 13년 만에 속편이 공개된 제임스 카메론의 〈아바타2: 물의 길〉은 말 그대로 천문학적 제작비의 손익 분기점을 넘어 흥행에 성공했다. 동아시아에 국한한 결과이긴 하지만 애니메이션 〈더 퍼스트

슬램덩크〉 역시 알찬 콘텐츠로 대중의 발길을 사로잡았다. 믿음직한 내용이라면, 결코 훌륭한 홈시어터로 만족할 수 없는 명실상부한 시청각 효과라면 관객들은 영화관에 가기를 꺼리지 않았다. 오히려 충분한 시간과 노력, 돈을 투자했고, 2차, 3차, N차 관람도 주저하지 않았다. 좋은 작품이라면, 어떤 수고를 해서라도 영화관에서 직접 작품을 보는, 영화적 삶의 패턴 자체가 돌아온 것이다.

하지만 팬데믹 사이 생겨난 중차대한 변화들을 간과해서는 안된다. 환경 문제를 넘어서 구텐베르크의 활자 인쇄술만큼이나 중요한 플랫폼 변화를 동반하고 있기 때문이다. 그런 맥락에서, 무엇보다 온라인 스트리밍 서비스의 급격한 발전과 확대를 주목해야 한다. 팬데믹 기간, 격리와 고립 가운데 일명 OTT라 불리는 온라인 스트리밍 콘텐츠 플랫폼은 영화를 비롯한 영상 콘텐츠의 대안, 미래로 자리잡았다. 이 미래 가치엔 한국 콘텐츠의 지분과 기여도가 높다. 〈오징어게임〉, 〈지옥〉, 〈지금 우리 학교는〉, 〈이상한 변호사 우영우〉를 비롯한 다양한 장르, 이야기, 서사는 점차 노쇠해 가던 미국형 케이블 드라마 시리즈 시장의 고착을 단숨에 흔들었다. 휴대용 디바이스로도 볼 수 있는 콘텐츠 보다 더 재밌거나 시청각적으로 훨씬 더 훌륭하지 않다면 혹은 작가-감독의 세계관이 매우 세련되지 않다면 굳이 영화관에 갈 필요는 없다. 이 굳이라는 주저에는 비싸진 영화표 값도 한 몫을 했다. 4인 가족이 영화를 보려면 이젠 넉넉잡아 10만원은 필요하다. 비싸진 영화표값은 선택을 까다롭게 만든다. 영화 관람이 기회 비용을 따져 선택하는, 경제적 소비 대상 중

하나가 된 것이다.

이런 변화 가운데, 주목할 만한 성과와 아쉬운 소식들도 있다. 주목할 만한 성과는 영화 〈브로커〉의 배우 송강호가 칸 영화제에서 남우 주연상을 수상했다는 사실이다. 사실상 이미 이전의 어떤 작품에서 수상했어도 전혀 이상할 법 없지만 칸은 〈브로커〉로 남우 주연상을 전했다. 박찬욱 감독의 성숙한 연애담 〈헤어질 결심〉의 감독상 수상도 기억해야 한다. 두 소식은 영화의 회복을 알리는 칸 영화제가 제 궤도로 복귀하는 시점이었기에 더 선언적이었다. 그래서인지, 2023년 연초, 골든글로브나 아카데미 시상식 소식에 우리 영화, 드라마 이름이 빠져 있는 게 아쉽고 서운한 일이 되어 버렸다. 〈기생충〉, 〈미나리〉, 〈오징어게임〉에 이르기까지 3년 연속 내내, 한국 감독, 배우, 제작자의 이름이 언급되다가 올해 빠져 있다 보니 묘한 어색함이 생기는 것이다.

그런 점에서 『2023 '작가'가 선정한 오늘의 영화』는 매우 의미 있는 한 시점의 기록일 수밖에 없다. 긴 팬데믹 이후 회복기로 들어선 한국 영화, 전쟁과 질병, 플랫폼의 변화 속에서도 건재한 영화적 질문 그에 대한 우리의 응답이기 때문이다. 영화의 운명과 가치에 대한 고민과 사유를 담아, 고심 어린 선택의 결과들을 선보인다. 2022년을 돌아볼 수 있는 의미있는 선택이기를 바란다.

2023년
기획위원을 대표하여, 강유정

# CONTENTS

한국
영화

외국
영화

# 한국
## 영화

**헤어질 결심**
≈ 박찬욱 감독

**브로커**
≈ 고레에다 히로카즈 감독

**소설가의 영화**
≋ 홍상수 감독

**올빼미**
≋ 안태진 감독

**오마주**
≈ 신수원 감독

**한산: 용의 출현**
⫷ 김한민 감독

**헌트**
이정재 감독 ⫸

# 2023
## '작가'가 선정한
# 오늘의 영화

# 박찬욱 감독
# Park Chan-wook

## 헤어질 결심

**감독** 박찬욱
**출연** 탕웨이, 박해일
**각본** 정서경, 박찬욱
**음악** 조영욱
**제작** 박찬욱, 고대석
**프로듀서** 백지선, 정태선
**촬영** 김지용
**제작사** 모호필름

# 붕괴 이후의 사랑

## — 박찬욱 감독 〈헤어질 결심〉

이광호(문학평론가, 문학과지성사 대표)

박찬욱의 영화를 '스타일리쉬'하다고 말할 때, 그것은 미장센이 매력적이라는 형식적인 의미에 한정되지 않는다. 가령 〈올드보이〉에서 선보였고 〈헤어질 결심〉에도 등장하는 기묘하고 아름다운 벽지가 만드는 공간감 같은 것만을 의미하는 것이 아니다. 영화의 스타일은 이미지와 이미지가 충돌하는 리듬으로서의 영화적 창의성의 결과물이다. 로베르 브레송이 '촬영한 연극'으로서의 시네마와 창조의 목적으로 카메라를 사용하는 '시네마톨로지'를 구분했을 때의 바로 그것이다. 박찬욱의 영화가 브레송처럼 '연기' 자체를 제거하는 극단적인 영화적 자율성을 추구하는 것은 아니지만, 미지의 카메라가 낯선 시공간의 몽타주를 창조한다는 측면에서 '시네마톨로지'에 가깝다.

　박찬욱의 영화에도 '이야기'가 존재하지만, 그 이야기를 강렬하게 만드는 것은 서사 자체의 개연성조차 넘어서는 이미지의 논리이다. 그의 영화들은 최후의 신화적이며, (희생)제의적인 이미지를 향해 질주하는 것처럼 보인다. 〈복수는 나의 것〉에 등장하는 물 안에서 유괴범의 발목을 자르는 사적인 처형, 〈올드보이〉에서의 자신의 혀를 가위로 자르는 자기 처벌, 〈박쥐〉에서의 아침 햇빛 아래서 불타 죽는 뱀파이어 연인들의 발목처럼, 시적인 도약의 순간을 경험하게 하는 마지막 순간을 향해 영화는 이미지의 드라마를 밀고 나간다.

　박찬욱 영화들의 서사적 변이는 여성 캐릭터들의 재창조를 통해 진행되었다. 〈복수는 나의 것〉에서 유괴된 딸을 지키지 못한 아버지의 복

수는, 〈올드보이〉에서 딸을 지키기 위해 스스로 아버지의 기억을 포기하는 남자의 이야기를 만들어 내고, 이것은 봉준호 등의 감독들에게서 심층적으로 반복되는 '소녀(딸) 구하기'의 불가능성과 죄의식과 연관된 테마이다. 박찬욱 영화들은 이런 지점들로부터 다른 세계로 진입하는 여성 캐릭터들을 만들어왔다. 〈친절한 금자씨〉의 여주인공은 유괴범 때문에 자식을 잃어버리고 수감된 희생자가 아니라 집단적인 복수의 제의를 기획하는 주체이며, 〈스토커〉의 어린 여주인공은 살인이라는 매개로 세상으로 나아가는 격렬한 '이니시에이션' 혹은 입사제의의 시기를 통과하고 있다. 〈아가씨〉의 아가씨와 하녀는 계급과 국적을 넘어서 남성적 쾌락을 둘러싼 욕망과 음모의 세계를 파괴하는 반란과 사랑을 실현한다. 남성적 윤리 감각의 잔여물은 존재할 수 있다. 이를테면 〈박쥐〉의 여주인공은 남성 뱀파이어를 통해 완벽하게 자유로운 뱀파이어의 존재가 되지만, '신부–남성'의 죄의식으로 인해 함께 불타 죽어야만 했으며, 〈스토커〉의 여주인공의 살인 충동이라는 잠재된 정체성은 아버지와 삼촌의 부계로부터 상속받은 것이다. 〈헤어질 결심〉에서 박찬욱의 여성 캐릭터의 창의적인 변이는 마지막 장면에서의 영화적 퍼포먼스에서 확인될 수 있을 것이다.

〈헤어질 결심〉은 필름 누아르 혹은 그 기원으로서의 탐정 추리서사라는 장르적 외피를 두르고 있다. 세계를 불가해한 상황으로 만드는 살인 사건은 탐정이 재구성하는 인과적 서사에 의해 전모가 드러나며, 이성과 과학의 권능으로 세상은 설명 가능한 상태로 복원되어야 한다. 그런데 사건 이후 반복되는 또 하나의 사건이 사건의 의미 자체를 완전히 다른 차원으로 이동시킨다면 어떻게 될까? 〈헤어질 결심〉은 한 영화 안에서 장르를 내파하는 영화적 모험을 밀고 나간다. 〈헤어질 결심〉에서 누아르와 멜로드라마는 형식적으로 연결되어 있는 것이 아니라, 외피로서의 누아르를 멜로드라마의 잠재된 서사가 뚫고 나오는 사태이다. 멜로드라마의 서사는 가령 '그때(그곳에) 사랑이 있었다!'를 보여주는 것이다. 문제가 그 사랑이 존재했음을 입증할 증표라면, 그 증표에 의해 작별 이후의 사랑의 존재론은 성립된다. 증표에 의해 부재로서의 사랑은 잔존의 힘을 갖게 된다. 〈헤어질 결심〉에서 그 증표는 여주인공의 범죄가 입증되고 형사가 범죄를 덮어주었다는 사실이 드러나는 핸드폰이다. 범죄를 입증하는 결정적인 물증이 사랑을 입증하는 기호가 되는 전환은 이 영화의 극적인 서사적 반전을 작동시킨다.

범죄 형사물은 형사의 '눈'에 의해 살인의 전체적인 진실이 드러나야 한다. 형사는 '보는 자' 혹은 '찾는 자'이며, 용의자인 서래는 '보여지는 여자'이어야 한다. 계속해서 인공눈물을 넣어야 하는 해준은 '똑바로 보려고 노력하는 사람'이며, 이는 해준의 정체성과 자부심의 핵심이다. 서래가 스스로 허벅지의 상처를 보여주고 해준이 자세를 낮추어 찍는 장면은 이 시선의 위계를 압축한다. 그런데 영화적인 전개는 이 '보는 남자–형사/ 보여지는 여자–용의자'의 위계를 따라가지 않는다. 서래의 집 앞에서 잠복하며 서래를 정탐하는 해준의 행위는, 감시라기 보다는 마치 연인의 공간–시간을 탐색하는 것 같다. 집 밖에서 감시하는 해준이 서래의 방 안에 있는 것처럼 연출된 장면은, 그것이 정탐의 행위가 아니라 '함께 있음'의 행위라는 것을 암시한다. 잠복 중 서래의 집 앞에 차에서 잠자던 해준을 서래가 들여다보고 사진을 찍는 장면은 이 시선의 위계가 역전될 가능성을 강력하게 암시한다.

취조실 장면들에서 서래와 해준의 미장센은 흥미로운 화면 분할을 연출한다. 카메라는 해준의 시선에서 서래를 바라보는 단순한 구도가 아니라, 서래와 해준을 각각 비추는 모니터 화면을 동시에 보여주고 또 다른 비인칭의 시선을 드러낸다. 전통적인 시점 숏의 프레이밍의 규범을 벗어나는 앵글은 서래를 대상화하는 시선이 아니라, 제3의 사물들의 '응시'의 차원이 있음을 입체적으로 드러낸다. 해준과 서래가 상대방의 어떤 측면만을 볼 수밖에 없을 때, 또 다른 영화적 응시는 그들의 미묘한 교감과 어긋남을 포착해낸다. 카메라만이 사랑의 전모를 알고 있다는 듯이 말이다. 박찬욱의 영화들이 보는 자와 보여지는 자의 구도가 균열을 일으키는 상황을 연출한다면, 시선의 위계를 무너뜨리는 것은 카메라의 예기치 않은 응시이다.

사건의 전모를 알게 된 해준이 서래의 집을 찾아가 사건을 재구성하는 장면은 전반부의 피날레를 장식한다. 해준이 "나는 완전히 붕괴되었어요"라고 말할 때, 카메라는 해준의 얼굴을 클로즈업한다. 카메라에 의해 그 무너짐이 대상화되는 것은 오히려 해준이다. 해준이 "저 폰은 바다에 버려요. 깊은 데 빠뜨려서 아무도 못 찾게 해요"라고 말할 때, 핸드

폰이라는 '범죄의 물증/ (이후의) 사랑의 증표'는 수장되어야만 하는 운명에 놓인다. 그 문장은 서래에게는 해준의 사랑의 고백으로 해석될 수 있지만, 동시에 사랑의 명령이기도 해서, 서래 자신 역시 바다에 던져져야만 하는 상황을 암시한다. 이 연극적인 무대에서 해준이 퇴장할 때 카메라는 불현듯 뒤로 물러나면서 천정을 비춘다. 이 기이한 카메라 워킹은 체스판의 기하학적 무늬로 이루어진 천정 아래에 남겨진 서래의 침몰을 보여준다. 앵글은 서래를 아래로 누르면서 침몰 시키고 다시 떠오르게 한다. 그리고 서래는 어머니의 유골함을 본다. 이 영화의 전반부와 후반부의 반복과 변이 혹은 마주 보는 대칭적 구조를 완성하는 것은 카메라의 움직임과 시선의 몽타주이다. 카메라 앵글만이 그 모든 사랑의 기묘한 시공간과 어긋남의 비밀을 알고 있다.

이 영화는 박찬욱 영화의 형식미를 대변하는 현란한 매치컷과 시점 숏 이외에도 높이와 깊이, 수직과 수평의 프레임을 둘러싼 정교한 양식적 아름다움을 보여준다. 영화 초반의 압도적인 수직적 이미지는 서래의 남편이 죽은 구소산이다. 영화는 기이한 높이에서 죽은 남자의 시체로 시작하여 해안 모래 아래 스스로를 묻는 여자의 이미지로 끝난다. 남편은 자신의 산행을 중계하는 유튜버이고, 서래는 완벽한 알리바이를 만들어 산의 뒤쪽으로 남편을 따라 오른다. 해준은 그 살인을 설명하기 위해 산을 다시 올라야만 한다. 산꼭대기는 돌출된 그러나 숨겨진 무대이고 그 바닥은 딱딱하다. 그 산꼭대기라는 무대에서 영화는 두 개의 제의적인 장면을 상연한다. 구소산에서 벌어지는 것이 살인의 제의라면,

서래 어머니의 유골을 해준이 뿌려주는 애도-제의가 벌어지는 곳은 호미산이다. 산은 살인과 애도라는 두 개의 퍼포먼스가 상연되는 솟아오른 그러나 은밀한 무대이다.

　밀물이 시작되는 해변이라는 최후의 제의적인 무대는 부드러운 모래를 파내려 갈 수 있는 곳이다. 완벽한 사라짐의 무대이고 들이치는 파도는 그 공간을 지워줄 것이다. 관객들은 그 무대에서 벌어진 일을 알고 있지만, 해준은 그 숨겨진 최후의 공간을 알지 못한다. 해안도로의 부감숏의 오른쪽 파도의 윤곽은 서래의 얼굴 윤곽을 연상시키지만, 해준은 그런 부감의 시점을 알지 못한다. 바다와 모래의 수직적 경계에서 과장된 그림자를 드리운 해준을 내려다 보는 부감숏은 해준의 진짜 붕괴를 예고한다. 사건의 전모를 드러내 주어야 할 '형사–남성' 주체가 파도 위에서 하염없이 헤매이게 만드는 마지막 장면은 그래서 압도적이다. 형사-남성 주체의 시선의 권력은 여기서 완벽하게 붕괴된다. 어둠이 내리는 바다에서 해준은 손전등을 켜지만 서래를 찾지 못한다. 호미산에서 서래의 헤드 랜턴이 정확하게 해준의 얼굴을 비추는 상황과 대비된다. 해준의 손전등 불빛은 영화의 마지막 순간 관객을 응시한다. 첫 번째 살인 사건을 덮어주면서 해준은 스스로 붕괴되었다고 말했다. 그때의 붕괴는 형사로서의 책임감과 자부심의 상처에 해당한다. 그런데 해준은 정말 그때 붕괴되었던 것인가? 형사로서의 해준의 붕괴는 연인으로서의 해준의 붕괴를 예비하는 동시에 미루고 있었다. 첫 번째 살인 사건이 형사의 붕괴로 귀결 되었다면, 두 번째 사건은 연인으로서의 붕괴로 귀결된다. 어느 순간 사랑이 시작되었는지를 알지 못하는 연인은 끝내 붕괴된다. 붕괴로서의 사랑은 관성적인 삶의 명분을 뿌리 채 흔들고 다른 삶의 두려운 잠재성을 대면하게 한다. 첫 번째 사건에서 붕괴된 것이 형사로서의 품위와 명분의 세계라면, 이제 진정한 붕괴가 시작될 것이다.

바다 모래에 스스로를 파묻는 여성의 존재는 무엇인가? 서래는 해준의 형사로서의 품위를 지켜주고 영원한 사랑을 봉인하기 위해 희생하는 존재가 아니다. 이런 온건한 해석은 서래의 자리를 숭고한 희생자의 위치로 고정시킨다. 그녀는 끝내 정체와 장소를 알 수 없는 '아토포스' 적인 존재로 남는 것을 실행한다. 이것은 서래의 속죄와 희생이 아니라,

일종의 '복수'이기도 하다. 그 복수는 해준이 마주한 형사와 연인으로서의 두 겹의 실패를 돌이킬 수 없게 만든다. 해준이 연인을 찾아다니는 오르페우스라면, 서래는 그의 손길을 기다리는 에우리디케이기를 거부하고, 침묵의 세이렌으로 해안에 남는다. 서래는 해준이 헤매는 그 해변 밑에 누워서 그를 끝임없이 붕괴시킬 것이고, 어쩌면 먼 시간 후에 다시 그 차가운 얼굴을 드러낼지도 모른다. 서래는 완벽한 수수께끼가 됨으로써, 사랑을 닫힐 수 없는 미결의 상태로 옮겨놓는다. 영원히 해안을 헤매어야 할 남자의 발밑에서 사랑의 유령은 날카로운 침묵으로 노래할 것이다. 노을이 들이닥치는 해변의 점점 거칠어지는 파도 소리는 그 두려운 사랑의 침묵을 대신한다. 사랑은 이 무서운 붕괴의 연안으로 나아가는 일이다. 그 바다는 사랑의 붕괴가, 그리고 붕괴 이후의 사랑이 재등장하는 서래의 바다이다. 서래의 바다는 새로운 붕괴와 죽음이 '마침내' 시작되는 바다이다.

이 광 호 ever401@naver.com
문학평론가. 문학과지성사 대표. 『장소의 연인들』 외 에세이와 『익명의 사랑』 외 문학비평집을 펴냈다.

# 고레에다 히로카즈 감독
## Koreeda Hirokazu

## 브로커

**감독** 고레에다 히로카즈
**출연** 송강호, 강동원, 배두나, 이지은, 이주영
**각본** 고레에다 히로카즈
**음악** 정재일
**제작** 이유진 정대선
**프로듀서** 송대찬 후무카 미유키 윤혜준
**촬영** 홍경표
**제작사** 영화사 집

# 길 위에 펼쳐낸 반복과 변주…
# 가족을 또 새로 되짚다

## ― 고레에다 히로카즈 감독 〈브로커〉

라제기(한국일보 영화전문기자)

또 가족이다. 고레에다 히로카즈 감독답다. 영화 〈브로커〉(2022)는 역시나 가족을 다룬다. 좀 더 자세히 말하면 혈연에 얽매이지 않는 가족이다. 〈걸어도 걸어도〉(2008), 〈그렇게 아버지가 된다〉(2013), 〈바닷마을 다이어리〉(2015), 〈태풍이 지나가고〉(2016), 〈어느 가족〉(2018), 〈파비안느에 관한 진실〉(2019) 등처럼 〈브로커〉의 소재는 가족이고 주제는 가족애다. 한국을 배경으로 옮겼을 뿐 이전 영화들의 동어반복일까. 그렇지 않다. 반복이 있으나 변주가 있기도 하다. 이전과 엇비슷하나 다르다. 가족을 원석 삼아 각기 다른 방식으로 세공해 온 그의 영화 이력은 여전히 유효하다.

## 뜻밖 인물의 등장이 이끄는 이야기

고레에다 감독 영화들의 시작은 대체로 동일하다. 어느 집단에 한 인물이 새롭게(또는 누구도 원치 않게) 등장한다. 예상치 못했던 인물이다. 집단 구성원들은 당황한다. 새 인물을 자신들의 성원으로 받아들일 것인지 갈등한다. 의견이 맞부딪히면서 이야기는 전개되고 절정을 이룬다. 갈등은 큰 분란으로 이어지지 않는다. 해결을 미루는 식으로 갈등은 봉합되거나 사람들은 깨달음과 동시에 화합한다. 새 인물을 자신들의 울타리 안으로 들이는 경우가 대부분이다. 집단은 십중팔구 가족이다. 새 인물은 가족 구성원이 될 만한 자 또는 되고 싶은 자이다. 피가 연결돼 있거나 그렇지 않다. 중요한 건 서로 가족이라 인식하는 것이다.

예를 들면 이런 식이다. 〈그렇게 아버지가 된다〉의 료타(후쿠야마 마사하루 분)는 자신의 핏줄이라 굳건히 믿었던 아들이 혈육이 아님을 안다. 친자가 집으로 와 부자관계를 새로 만들어가나 누가 진짜 아들인지 고뇌한다. 영화는 가족을 구성하는 건 피인지, 시간으로 축적된 관계인지 질문을 던진다. 〈어느 가족〉은 아예 피가 섞이지 않은 '가족'에 대한 이야기다. 서로의 이익으로 결합된 〈어느 가족〉에 소녀 유리(사사키 미유 분)가 합류하면서 영화는 본궤도에 오른다.

〈브로커〉는 좀 다르다. 한 인물이 아닌, 여러 인물이 가족 같은 집단에 끼어든다. 집단은 상현(송강호 분)과 동수(강동원 분)로 이뤄져 있다. 상현은 동수가 베이비박스에서 빼돌린 아기를 불법 입양시켜 주고 돈을 챙긴다. 동수는 돈이 첫 목표는 아닌 듯하다. 보육원에서 자란 그는 아기들이 가정에서 크길 바란다. 상현과 동수는 서로의 이익에 기대 형제 같은 관계를 맺는다. 소영(이지은 분)이 한밤 교회 앞에 두고 간 우성이 나타나면서 '형제'에게 변화가 생긴다.

우성뿐 아니다. 아기를 되찾겠다며 돌아온 소영이 상현과 동수가 형성한 이익공동체에 들어온다. 소영은 아기 불법 입양 과정에 끼어들며 자신의 몫을 챙기겠다고 주장하나 이는 허울이다. 그는 살인사건과 관련돼 우성을 저버려야 하나 차마 멀리 하지 못 한다. 상현과 동수, 소영이 함께 하는 입양 여행에 합류하는 이들은 더 있다. 보육원 아이 해진(임승수 분)과 형사 수진(배두나 분)이다. 아이는 상현이 자기를 입양해줬

으면 하는 바람과 호기심으로, 수진은 불법 입양을 수사하기 위해 상현 일행을 미행하면서 여행에 의도치 않게 동참한다.

### 로드 무비 형식… 기차는 사람을 이어준다

〈브로커〉는 로드 무비 형식을 띤다. 고레에다 감독 영화로서는 드문 경우다. 군이 비교하면 〈진짜로 일어날지도 몰라〉(2011)와 가깝다. 〈진짜로 일어날지도 몰라〉의 아이들은 각자의 꿈을 빌기 위해 기차 여행을 한다. 아이들은 여행 중 어려움을 겪으며 우정을 다진다. 이혼한 부모가 재결합하길 바라는 내용이 담겨 있으나 가족이 중심인 영화는 아니다.

〈브로커〉의 인물들은 길 위에서 갈등하고 마음을 나누며 관계가 단

단해진다. 고레에다 감독은 이들이 가족이 돼 가는 과정에서 촉감의 대비를 적절히 활용한다. 첫 장면의 촉감은 극과 극이다. 소영은 우성을 베이비박스 안이 아닌 찬 바닥에 내려놓는다. 수진은 아기가 추위를 견디지 못 할 수 있다 판단해 베이비박스에 우성을 넣는다. 차가움과 따스함이 교차하고, 죽음과 생존이 엇갈린다.

상현과 동수, 소영, 해진이 처음 함께 웃으며 즐거워하는 장면 역시 촉감이 대비된다. 자동세차장에서 차를 씻을 때 해진은 상현의 경고에도 차창을 내린다. 창으로 들어오는 차가운 물 세례에 상현 일행은 놀라면서도 웃음을 터트린다. 가족 같은 일체감을 처음으로 느끼는 순간이다. 물은 차가우나 이들이 나누는 정은 따스하다. 차가운 물이 따뜻한 감정을 불러내다니 역설적이다. 피가 섞이지 않고 공통점을 찾기 힘든, 차가운 사이가 온기가 흐르는 관계로 발전할 수 있음을 암시하는 대목이다.

인천 월미도에서 가족이 대관람차를 타는 장면 역시 촉감으로 감정에 호소한다. 해질 무렵 햇볕은 이중적이다. 따스할 수 있으나 약한 볕으로 받아들여질 수 있다. 동수는 소영에게 자신을 버린 엄마 이야기를 한다. 소영은 자신이 엄마 역할을 할 수 없는 사정을 고백한다. 동수는 소영의 눈을 가리며 우성과 함께 살자고 말한다. 눈이 가려진 채 소영이 느끼는 햇볕은 어느 정도 강도일까. 내일도 태양은 떠 우리를 비출 것이라는 희망의 볕일까. 차가운 밤을 예고하는 절망의 따스함일까. 동수의 담담하면서도 뜨끈한 말은 소영의 마음을 어느 정도 데울까.

고레에다 감독 영화는 대부분에는 기차가 등장한다. 〈바닷마을 다이어리〉나 〈태풍이 지나가고〉처럼 기차가 누군가를 내려놓으며 영화가 시작되거나 인물들은 기차로 이동하며 인연을 만들어간다. 〈파비안느에 관한 진실〉에선 삶의 비의를 드러내는 대목에서 기차가 활용된다. 오랜만에 집을 찾은 딸 뤼미르(줄리엣 비노쉬 분)는 엄마 파비안느(카트린 드뇌브 분)에게 "기차 소리가 원래 이렇게 컸냐"고 묻는다. 여름엔 나뭇잎에 가려져 소리가 작으나 이파리가 떨어지면 밤에 시끄럽게 들린다는 식으로 파비안느는 답한다. 대수롭지 않게 여겼던 존재가 삶에 어떤 영향을 끼치는지 보여주는 장면이다. 당연하게만 생각하는 가족에 대한 은유로 읽힌다.

〈브로커〉에서 상현과 동수, 소영 등은 기차를 타고 서울로 이동한다. 상현은 기차 소음 속에 소영에게 진심을 말한다. 소영은 들은 듯 만 듯한 표정을 짓는다. 기차가 터널로 들어갈 때 영화는 부감으로 터널이 있는 산을 내려다본다. 터널은 과정을 의미하며 상현 일행은 기차로 터널을 지나는 시간을 통해 터널 진입 이전과 다른 상황에 도달한다는 점을 암시한다. 이후 상현과 동수, 소영은 예상치 못했던 행동들을 하며 '가족'을 지키려 한다.

### 가족 밖 관찰자 시점

〈브로커〉는 형사 수진의 눈을 통해 이야기를 전달한다. 수진은 상현과 동수를 '인신매매' 현장에서 검거하기 위해 영화 시작부터 그들을 감시한다. 수진의 눈은 차갑다. 상현과 동수를 돈에 눈이 먼 범죄자로 본다. 소영은 단지 임신을 하고 출산을 한 후 아기를 유기하는 무책임한 여성으로 간주한다. 아기 구호를 위해 만들어진 베이비박스에 대해서도 냉소적이다. "애초에 그런 박스를 만들어놓으니까 무책임한 일이 생기는 거지"라는 말 속엔 수진의 가치관이 담겨 있다.

수진의 냉랭한 시선과 달리 소영은 어찌할 수 없는 상황이다. 생부는 소영의 출산을 극구 반대했다. "이런 건 태어나지 말았어야 한다"는 악담을 쏟으면서도 소영에게서 아기를 뺏으려 했다. 소영은 생부와의 갈등으로 살인을 저질렀다. 그는 살인범으로서 아기 우성을 키울 수 없다는 걸 안다. 책임감이 없어서라기 보다 자신의 죄가 아기에게 그림자를 드리울까 우려했다. 수진은 소영의 사정을 모르기에, 단죄에만 익숙하기에 소영의 행위를 무책임한 것으로 간주한다.

수진은 상현과 동수, 소영, 해진 등이 여관(상현 일행의 첫 둥지다. 이곳에서 생활하며 이들은 가족으로 거듭난다)에 머물 때 도청으로 이들의 대화를 듣는다. 수진은 상현 일행을 이기적인 인간들의 집합체로 여겼으나 도청으로 그들의 애틋한 관계를 짐작한다. 수진은 감형을 조건으로 불법 입양 현장을 적발하는 것을 도와달라고 소영에게 제안한다. 소영은 수진의 제안을 받아들이나 '가족'을 배신하기는 어렵다. 수진은 가족을 지키기 위한 상현과 동수, 소영의 행동을 보며 마음이 바뀐다.

고레에다 감독은 제3자를 통해 이야기를 전개해 오지 않았다. 〈브로커)는 수진이라는 가족 밖 관찰자를 통해 피가 섞이지 않은 이들이 끈 끈한 관계를 맺게 되는 과정을 전한다. 수진도 동수와 소영 등이 형성한, 우성을 키우기 위한 유사가족에 합류한다. 냉소적인 관찰자가 다감하게 행동하는 인물로 변한다. 객관적인 시선으로 상현 일행의 남다른 여행을 지켜보던 관객은 수진의 변화를 통해 주관적인 시선으로 옮겨 간다. 수진은 유사가족에 대한 공감을 커지게 하려는 장치다.

〈브로커〉는 고레에다 감독 영화들 중 범작에 속한다. 하지만 반복과 변주를 통해 반 발짝 나아가려는 대가의 행보를 여전히 볼 수 있다. 그는 또 어떤 가족 서사를 그려낼까. 〈브로커〉는 적어도 고레에다 감독의 다음을 궁금하게 하는 '중개상' 같은 영화다.

라 제 기 jegyra@gmail.com
《한국일보》 영화전문기자. 1999년 《한국일보》에 입사해 편집부와 사회부, 국제부, 문화부에서 일했다. 영화 담당 기자로 15년 가량 활동했고 영국 서섹스 대 영화학 석사다. 《한국일보》 엔터테인먼트팀장, 문화부장, 신문에디터를 역임했다.

전원사 제공

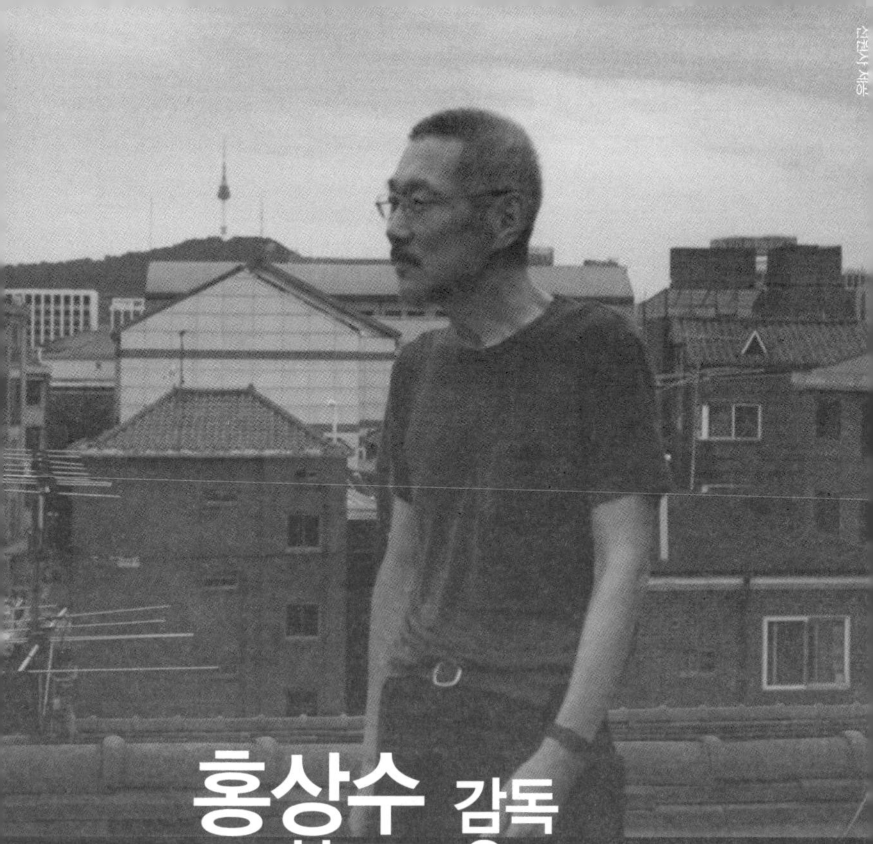

# 홍상수 감독
# Hong Sang-soo

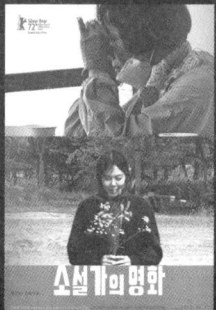

## 소설가의 영화

**감독** 홍상수
**출연** 이혜영, 김민희, 서영화, 박미소, 권해효
**각본** 홍상수
**음악** 홍상수
**제작** 홍상수
**촬영** 홍상수
**제작사** 영화제작전원사

# 왜 소설가의 영화인가?

## ― 홍상수 감독 〈소설가의 영화〉

박유희(영화평론가, 고려대 교수)

## 들어가며

〈소설가의 영화〉는 홍상수 감독의 27번째 장편이다. 동시대 감독들과 비교하면 놀라운 다작이다. 홍상수 감독의 힘은 무엇보다 바로 여기, 지난 27년 동안 지속적으로 영화를 만들어왔다는 데 있다. 그는 데뷔작인 〈돼지가 우물에 빠진 날〉(1996)부터 〈탑〉(2022)까지 28편의 장편을 만들었다. 1년에 한편 꼴로 만들어온 셈이다. 그러는 동안 홍상수 영화는 일관된 스타일을 유지하는 듯하면서도, 몇 번의 의미심장한 변곡점을 거쳐 왔다.

데뷔작 〈돼지가 우물에 빠진 날〉부터 〈여자는 남자의 미래다〉(2004)까지 5편의 영화를 만들고 〈극장전〉(2005)부터 영화에 대한 반영적 서술을 시작한 것이 첫 번째로 큰 변곡점이었다. 이후 홍상수 영화 특유의 웃음 온도가 서서히 올라가며 냉소에서 유머로 변화하는 시기가 17번째 영화인 〈지금은 맞고 그때는 틀리다〉(2015)까지 지속된다. 이 과정에서 여성인물의 목소리가 커지면서 점차 여성인물이 전면화되고 이야기의 중심을 차지한다. 이에 반비례하여 공간은 축소되고 플롯이 더 단순해지는 가운데, 등장인물에 대한 관객의 심리적 거리가 좁혀지며 때로는 시적 서정에 근접하는 영화들이 나온다. 이러한 경향은 〈클레어의 카메라〉(2018)에서 시작해 〈밤의 해변에서 혼자〉(2017)와 〈도망친 여자〉(2020)에서 두드러지는데, 이 영화들에서는 김민희가 주연을 맡았다. 그러다 26번째 장편인 〈당신 얼굴 앞에서〉(2021)부터 이혜영이 주연을 맡으며 〈소설가의 영화〉와 〈탑〉에 이르렀다. 요컨대 〈소설가의 영화〉는 〈클레어의 카메라〉 이후 변화된 맥락에 놓이면서도 주연배우가 바뀐 두 번째 영화에 해당한다. 이에 덧붙여 〈북촌방향〉(2011), 〈그후〉(2017), 〈풀잎들〉(2018), 〈강변호텔〉(2019), 〈인트로덕션〉(2021)에 이은 흑백 주조의 영화이기도 하다. 그렇다면 이 영화는 왜 '소설가의 영화'가 되었을까? 다시 말해 홍상수 감독은 왜 '소설가의 영화'를 만든 것일까? 아니면 왜 이 영화를 '소설가의 영화'라고 이름 붙인 것일까?

## 소설가의 영화 이야기

'소설가의 영화'라는 말은 세 가지 의미로 읽을 수 있다. 첫째, 소설가가 주인공인 영화, 둘째, 소설가가 만든 영화, 셋째, 소설가를 다룬 영화다.

이 영화는 주인공인 소설가가 영화를 만들게 되는 사건을 통해서 소설가를 다루고 있으므로 이 세 가지에 모두 해당한다.

소설가 준희(이혜영 분)가 격조했던 후배 세원(서영화 분)을 찾아가는 것으로 영화는 시작한다. 세원은 서울 근교에서 작은 책방을 운영하고 있다. 소설가와 후배, 그리고 책방에서 일하는 현우(박미소 분)의 대화가 첫 시퀀스를 이룬다. 책방을 나온 준희는 한강이 내려다보이는 타워 전망대에 올라가서 내려다보고 있는데, 아는 감독(권해효 분)과 그 부인(조윤희 분)을 만난다. 감독이 준희의 작품을 영화화하려다가 결국 안 되는 바람에 두 사람은 불편한 사이가 되었다. 감독에 대한 준희의 묵은 감정이 드러나는 대화가 이어지다가, 준희는 감독의 작은 망원경으로 타워

아래를 내려다본다. 준희의 시선은 산책로에 멈추고 다음 장면에서 세 사람은 그 산책로에 가 있다. 그곳에서 우연히 지나가던 윤길수(김민희 분)를 만난다. 길수는 한동안 활동하지 않고 있는 배우인데 감독이 그것을 '아까워'한다. '아깝다'는 표현에 언짢아진 준희가 감독에게 거세게 항의하자 이 상황이 못마땅한 감독 부인이 이내 감독을 끌고 가버린다.

산책로에 길수와 둘이 남은 준희는 영화 이야기를 하고 싶다고 하는데, 영화를 전공하는 길수의 조카 경우(하성국 분)가 나타나자 단편영화를 찍고 싶다는 의향을 적극적으로 밝힌다. 준희와 길수는 분식집으로 자리를 옮겨 영화에 대한 이야기를 이어간다. 그런데 길수가 아는 언니로부터 급히 도와달라는 전화를 받는다. 길수는 준희에게 함께 갈 것을

제안하고 이에 준희가 가보니 세원의 책방이다. 책방에서 시인을 초청
했는데 함께 막걸리를 마시기로 했던 두 사람이 못 오는 바람에 세원이
길수를 부른 것이었다. 더구나 초청 시인은 준희가 예전에 가까이 지냈
던 선배 만수(기주봉 분)다. 준희, 길수, 만수, 세원, 현우, 이렇게 다섯 사
람이 막걸리를 마시며 대화를 이어간다. 그러다 길수는 술에 취해 잠이
든다.

　그리고 다음 장면에서는 시간을 훌쩍 뛰어넘어 준희의 영화 시사회
가 열리고 있다. 길수가 영화 보러 오는데 영화를 먼저 본 준희와 경우
는 다시 보지 않고 밖에 나가 러닝타임 47분 동안 기다리기로 한다. 영

화 장면이 부분적으로 보이고, 엔딩 크레딧이 올라간 뒤 길수가 영화관 밖으로 나온다. 그런데 영화관 밖에 아무도 없자, 길수가 준희와 경우를 찾아 옥상으로 올라가는 것으로 영화는 끝난다. 소설가의 행적을 따라가다가, 마지막에 소설가가 만든 영화를 잠시 보여줌으로써 영화는 겉 영화와 속 영화가 있는 겹구조가 된다. 이에 더해 엔딩 크레딧이 올라간 뒤 김민희가 마치 스크린에서 뛰쳐나오듯이 영화관 문을 열고 나와서는 다시 영화 속 캐릭터가 됨으로써 속 영화와 겉 영화의 경계가 허물어진다. 자, 그러면 '소설가의 영화'는 누구의 영화인가?

## 소설小說의 공간과 기법

돌이켜 보면 홍상수 영화에서 '소설'은 낯설지 않다. 〈북촌방향〉(2011)에서 성준(유준상 분)이 세 번이나 방문하는 술집 이름이 '소설小說'이었다. 이곳에서 성준은 과거 연인 경진(김보경 분)과 똑같이 생긴 예전(김보경 분)을 만난다. 예전은 '소설'의 주인이지만 세 번 모두 자리를 비웠고 단골손님인 영호(김상중 분)가 문을 따고 들어가 알아서 술을 마신다. 그때마다 예전은 뒤늦게 나타나 사과하고 안주를 만들어주겠다며 시장을 보러 간다. 도무지 장사에는 관심 없어 보이는 사람이 주인인 이 술집은 같은 이름으로 〈당신 얼굴 앞에서〉(2021)에도 등장한다. 배우 활동을 중단한 채 오랫동안 미국에 거주해온 상옥(이혜영 분)이 영화감독 재원(권해효 분)을 만나 술을 먹는 장소가 '소설'이다. 이 영화에서도 주인이 없고 단골인 재원이 알아서 하는데, 심지어 중국음식점에서 술과 요리를 시켜먹기까지 한다. 〈북촌방향〉과 다른 게 있다면 이 영화에서는 주인이 끝까지 나타나지 않는다는 점이다. 주인 없는 공간에서 재원과 상옥은 오래 술을 마시며 긴 이야기를 나누고 영화를 같이 찍기로 의기투합한다. 그러나 다음 날 아침 그것은 술김에 했던 지킬 수 없는 말이 되어 영화 촬영은 실현되지 못한다. (〈소설가의 영화〉에서는 동일한 배우[이혜영]가 작가로 나서서 영화촬영을 실현하는 셈이다.) 〈북촌방향〉의 '소설'에서 일어나는 사건에도 이와 유사한 점이 있다. 성준은 경진과 똑같이 닮은 예전에게 단박에 끌리고 세 번째 만났을 때 밤을 보낸다. 그리고 하룻밤의 사랑을 추억으로 간직하기로 하며 헤어진다. 마치 고소설에서 이계異界에 속한 남녀들이 첫눈에 마음이 통해 운우지정雲雨之情을 나누고 헤어지는 것처럼 말이다. (〈당신 얼굴 앞에서〉에서는 그 '소설'의 주인이 마치 등장인물 뒤에 있는 작가처럼 모습을 드러내지 않는다.)

에피소드를 변주하여 반복함으로써 어떤 것이 실제인지 의심케 하는 것, 우연하게 발견되는 흔적으로 사건 사이의 보이지 않는 연계를 암시하는 것, 그러면서도 결국 그 장치들에 대한 연상이나 해석은 관객의 몫으로 돌리는 것은 초기부터 쓰인 홍상수 영화의 기법이었다. 이러한 작업의 목적은 보이지 않는 진실 찾기임이 영화 속 대사를 통해 거듭 피력되기도 했다. 그런데 최근 영화로 올수록 공간이 한정되고 인물들의 대화 비중이 늘어나면서 '말說'을 통해 사건이 서술되는 경향이 강화된다. 인물들은 자신의 과거를 이야기하고 그것을 통해 관객은 장면을 상상하게 된다. 〈풀잎들〉(2017)에서 아름(김민희 분)은 카페에 앉아 다른

전원사 제공

사람들의 이야기를 들으면서 글을 쓴다. 그의 내레이션으로 관객은 그가 쓰는 글의 내용을 짐작할 수 있다. 인물들의 경험, 처지, 의견과 감정은 테이블에 앉아 대화하는 인물들의 말을 통해 전달될 뿐이고, 아름이 쓰는 글도 말로만 전달될 뿐 보이지는 않는다. 이와 같이 말을 통해 전달하여 이미지로 제시되지 않은 비가시의 세계를 관객의 머릿속에서 장면화하는 것은 소설의 '보여주기' 기법과 상통한다.

## 홍상수 영화의 창작방법/론

〈소설가의 영화〉에서도 이러한 기법이 계속 쓰인다. 세원은 소설 쓰기를 그만두었고, 준희도 오랫동안 소설을 쓰지 않고 있다. 길수도 배우활동을 중단한 지 꽤 된 듯하다. 그들이 하던 일을 그만두게 된 이유는

정원수 제공

보이지도 발화되지도 않지만 말의 행간에서 무슨 곡절이 있으리라는 게 짐작된다. 그리고 그 사연은 관객의 상상에 맡겨진다. 여기서 그들이 과거 이야기를 한다는 것도 소설과 맞닿는 부분이다. 소설은 사후에 서술되는 과거형의 양식일 수밖에 없다. 사건의 시제가 현재형이라고 해도 그것이 서술될 때에는 지나가버린 과거가 되기 때문이다. 소설가 준희와 시인 만수가 잠시 남녀관계였다는 것, 준희와 세원이 친했지만 오랫동안 연락을 끊었던 것, 영화감독이 준희 소설의 영화화를 그만둔 것은 모두 과거의 사건들이다. 그 일들로 인해 현재 그들의 관계는 영향을 받고 대화 속에서 그것이 비어져 나오지만 모두 과거형으로 서술된다.

이와 같이 소설기법을 환기시키는 가운데 이 영화에서 보다 주목해야 할 것이 있다. 길수가 준희에게 찍고자 하는 영화가 어떤 이야기냐고

묻자 준희는 이야기는 중요하지 않다며 배우가 정해지면 그때 이야기를 쓸 수 있다고 대답한다. 그가 찍고 싶은 영화는 "배우를 가장 편안한 상태에 놓고 카메라가 그 상태에서 발생되는 어떤 것을 캐치하는 것"이다. 그는 그것이 '진짜'라고 여기며 다큐멘터리와는 다른 것이라고 말한다. 소설에는 인물, 즉 캐릭터가 있다. 그것은 작가에 의해 창조되어 허구fiction 속에서 행동하고 활동한다. 영화에서는 배우가 캐릭터를 연기하므로 캐릭터는 배우를 투과하여 형상화된다. 소설가가 영화를 찍는다고 해도 이는 동일하게 적용된다. 그런데 준희는 배우가 가진 것이 우러나와 캐릭터가 되고 이야기는 그것에 따라 구성되는 방식으로 영화를 만들어보겠다는 것이다. 준희가 소설가이므로 그가 만드는 영화가 소설가의 영화일 것이고, 따라서 소설가의 영화는 이러한 방법으로 제작된 영화를 가리킬 것이다.

이쯤 되면 홍상수 영화를 좀 봤다는 사람들은 이것이 홍상수 영화가 제작되어온 방식임을, 이러한 방식은 최근 영화로 올수록 두드러지고 있다는 것도 알아챌 수 있다. 이를 확증하듯 영화 속 '소설가의 영화'에서 길수는 화면 밖의 남자와 대화하며 들꽃으로 다발을 만든다. 그리고 그 꽃다발을 들고 결혼행진곡을 읊조리며 관객을 향해 수줍게 다가와 '신부 입장'이라고 말한다. 영화 속 캐릭터가 배우의 실제상황을 연상시키며 화면 밖 관객에게 훅 다가오는 순간이다. 곧이어 영화가 끝나고 엔딩크레딧이 올라가는데, 그것은 홍상수 영화의 것이다. 여기서 관객이 본 소설가의 영화는 홍상수 영화가 된다. 그런데 여기에서 영화가 끝나지 않는다. 길수가 영화관 문을 열고 나오기 때문이다. 이때 길수는 영화 안에서 밖으로 나온 것인가? 그러면 그는 길수인가 배우 김민희인가? 우리가 스크린을 통해 그를 보는 이상 그는 길수인 동시에 배우라고 영화는 말하는 듯하다.

흔히 소설 구성의 3요소가 인물, 사건, 배경이라고 한다. 이는 허구 fiction의 요소이자 소설과 영화를 아우르는 이야기story의 요소이기도 하다. 그리고 그 출발점이 되는 것은 당연히 인물이다. 따라서 캐릭터에 초점을 맞춰 이야기 구성의 시작으로서 '인물/배우'론을 펼치고 있는 이 영화는 홍상수 영화의 창작방법론에 다름 아니다. 소설가는 영화 속 인물인 동시에 홍상수 감독 자신일 수 있는 것이다. 이로써 이 영화는 지금까지 꾸준히 홍상수 영화가 나올 수 있는 것은 소설에 다가서왔기 때문이라는 것, 그 창작의 비결을 넌지시 일러준다.

박유희 narrative21@naver.com
문학과 영화에 대한 서사론적 비평에서 출발하여 장르, 예술, 검열을 거멀못 삼아 한국영화사를 연구하고 있다. 지은 책으로 『한국영화 표상의 지도』 『서사의 숲에서 한국영화를 바라보다』 등이 있고, 『대중서사장르의 모든 것』 시리즈 5권을 기획하여 함께 썼다.

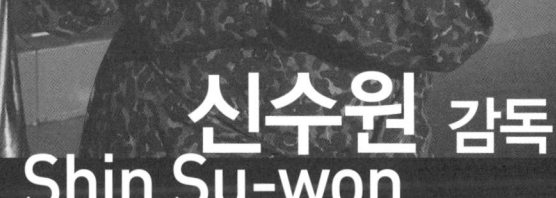

# 신수원 감독
## Shin Su-won

### 오마주

**감독** 신수원
**출연** 이정은, 권해효, 탕준상, 이주실, 김호정
**각본** 신수원
**음악** 류찬
**제작** 임충근, 신수원
**프로듀서** 임충근, 이성창
**촬영** 윤지운
**제작사** 준필름

# 영화와 삶이 서로를 향해 비약하는 순간

― 신수원 감독 〈오마주〉

안숭범(영화평론가, 경희대 교수)

영화를 좋아하는 어떤 이들은 영화 속 누군가의 삶을 번안하며 살아간다. 영화와 더 친숙한 어떤 이들은 자신과 이웃의 삶을 번안하여 영화를 만들며 산다. 그들 모두에게 영화는 현실이 꾸는 꿈이고, 현실은 영화가 잠들어 있는 집이다.

〈오마주〉는 궁박한 현실에 지친 영화감독 김지완(이정은 분)이 잊힌 존재를 찾아 배회하는 이야기이다. 그녀가 현실에 안정적으로 정박하지 못하는 이유는, 영화인으로 사는 삶과 남편과 자녀를 둔 여성으로 사는 삶이 끊임없이 불화하기 때문이다. 그런 그녀 곁에 1960년대 여성 영화감독이 남긴 영화 [여판사]¹가 도착한다. 그때부터 지완은 영화와

---

1 혼돈을 피하기 위해 1962년에 실존했던 영화는 〈여판사〉로 표기하고, 〈오마주〉 속에 등장하

삶이 서로를 향해 비약하는 순간들을 만나게 된다. 현실과 상상이 착종된 그 신비한 순간들은 카메라의 태도로부터 비롯된다. 과거와 현재, 기억과 현실, 픽션과 논픽션, 환영과 실재를 오가는 장면들은 특별한 감정을 베푼다. '여성으로 영화를 한다는 것'에 대한 현실적 모색, 각별한 자기 반영성self-reflexivity을 내비치기 때문이다.

지완에게 '여성으로 살기'는 당위적인 숙명인데, 그것은 '감독으로 살기'를 막아서는 현실적 장애가 된다. 그러나 그녀는 훼손되고 잘린 채 나타난 1960년대 영화([여판사])와 비밀로 남겨진 여성 영화감독 홍재원의 삶을 복원하게 되면서 자기 삶을 재구해 나간다. 그 '재구'의 과정은 환영에의 이끌림, 유령(그림자)과의 마주침을 통해 각별해진다. 사실상 지완이 [여판사]를 복원하는 과정에서 만난 사람들은, 고통스러운 현실이 투영된 유령이거나 '유령적인 것'이며, 그래서 환영을 머금는다. 이 글은 그들이 등장하는 장면을 다시 꺼내 소상히 음미하려는 기획에 해당한다.

〈오마주〉는 서로를 투영하는 네 명의 인물을 환기시키는 작품이다. 먼저 실존했던 여성 영화감독으로 1962년에 〈여판사〉를 연출한 홍은원에 대해 말해야 한다. 그녀는 한국 영화사에서 두 번째 여성 영화감독으로 알려진다. 그리고 2022년을 살며 〈오마주〉를 연출한 여성 영화감독 신수원을 떠올려야 한다. 여기까지는 텍스트 바깥에 존재하는 이들

---

는 동명의 영화는 [여판사]로 표기하기로 한다. 〈오마주〉 속에 등장하는 〈여판사〉의 복원된 장면들은 [여판사]의 일부이기도 하다.

로 스크린에 가시화되지 않는다. 그런데 〈오마주〉를 본다는 건, 신수원이 홍은원으로부터 받은 각별한 영감을 대리 체험하는 일이다. 이를테면 신수원은 홍은원을 발신자의 위치에, 그리고 자기 자신을 수신자의 위치에 특정한 후, 서로를 대변하는 캐릭터에 의해 서사를 이끌어 간다. '홍은원▶《홍재원▶◀김지완》▶신수원'의 심미적 대화가 곧 이 영화의 뼈대인 셈이다.

현실에서 홍은원은 당대에 큰 충격을 안긴 여판사의 자살 사건(1961)을 소재로 이듬해 〈여판사〉를 만든다. 이 영화는 크게 흥행했으나 프린트가 사라져 그 실체를 확인할 수 없었다. 〈여판사〉를 포함해 그녀가 연출한 세 편의 영화는 모두 소실되었고, 홍은원이라는 이름도 비밀스러운 공백이 되었다. 신수원은 그 필름들을 찾았던 것으로 알려진다. 그 과정에서 외로운 노후를 보내고 있는 〈여판사〉 편집 기사를 만나 비밀스러운 공백으로 들어가는 초입을 확보한다. 그 와중에 '마법처럼' 〈여판사〉의 필름이 발견되어 한국영상자료원은 해당 작품을 복원해낸 바 있다. 이 일련의 정보들은 〈오마주〉 속 서사가 현실의 '번안'이라는 사실을 시사한다. 놀라운 활기를 갖는 허구적 캐릭터들 역시 신수원의 체험과 인상이 기입된 결과라는 것을 상기시킨다.

영화 속 지완은 사운드가 일부 소실된 [여판사]를 복원하기 위해 먼저 홍재원의 딸을 만난다. 홍재원을 기억하는 영화인들 사이에서 홍재원의 딸은 감춰진 존재였던 것으로 보인다. 1960년대로 돌아가 보면, 아이의 엄마가, 누군가의 아내가 영화 현장을 누빈다는 건, 쉬이 납득될 수 없는 일이었을 것이다. 그런데 지완이 마주친 더 특별한 것이 있다. 홍재원의 취재 노트와 죽기 직전까지 놓지 않았던 시나리오 원고 더미가 그것이다. 200자 원고지에 정갈하게 적힌 시나리오의 첫머리는 곧바로 선명한 이미지를 떠올리게 한다. 그리고 마지막에는 비감한 예언과 같은 글귀가 적혀 있다. "너는 언젠가 지워질 거다. 내가 그랬던 것처럼".

그 글귀는 홍재원의 마지막 자취가 묻어 있는 방에서 지완이 떠올린 글귀인지도 모른다. 자신의 초상이 투영된 유령으로부터 자신이 읽어낸 글귀라고 해도 이상할 게 없는 문장이다. 그리고는 취재노트 사이에서 사진 한 장을 발견한다. 그 안에는 환하게 웃고 있는 여성 세 명이 있다. 한국 영화사 1차 전성기에 충무로를 누볐을 그녀들에 대한 단서는 사진 뒷면에 적혀 있다. '쌈바가라스(삼총사)', '명동다방'이라는 두 단어는 지완에게 생의 감각을 일깨운다.

이후 지완은 계란을 풀어 커피를 마시는 풍경이 남아 있는 옛 명동다방을 찾아간다. 백발의 노인이 된 주인은 영화 현장을 기록하는 사진사로 살았던 적이 있다. 그는 지완에게 명동다방을 드나들던 사진 속 인물들을 술회한다. 그는 영화를 꿈꾸며 살던 한때의 친구들이 세상을 등지는 모습을 지켜봐 왔다. 그를 통해 지완은 [여판사]의 편집 기사를 찾아갈 수 있는 단서 하나를 흘린다.

지완은 충청도 어느 시골에서 외롭게 늙어가고 있는 [여판사]의 편집 기사 이옥희를 만난다. 옥희의 육체는 쇠잔해져 있고, 한때 인생의 전부였던 '영화'라는 단어도 종종 잊어버리는 상황이다. 그러나 그녀는 쌈바가라스로 살던 시절을 들려주며, 당대 사회의 요구에 부응하는 여성이기보다는, 감독이고자 했던 재원에 대한 그리움을 드러낸다. "재원이가 남자였으면 어땠을까"하는 생각을 했다는 옥희의 눈빛에는, 지완의 현실이 실려 있기도 하다.

영화 말미 지완은 폐관을 앞둔 시골 영화관에 이른다. 그 영화관은 늙고 병든 채 죽음의 그림자를 느끼는 영화 속 옛 영화인들처럼 쇠락해져 있다. 이제 전기도 들어오지 않는 어두운 안쪽을 가진 영화관은 언어를 가진 캐릭터처럼 지완을 사로잡는다. 극심한 스트레스에 자궁적출 수술까지 받은 지완이 두 번째로 시골 영화관을 찾았을 때, [여판사] 필름이 실체를 드러낸다. 덕지덕지 잘린 채 벽에 걸린 모자들의 테두리로 생존해 온 필름 역시 옛 영화인들의 낡고 앙상한 육체를 닮아있다. 구멍 난 상영관 천장을 통해 한 줄기 빛이 들어오고, 지완은 그 빛살에 의지해 필름 조각을 살핀다. 더 정확히 말하면, 상처 입은 몰골로 마주친 필름 조각과 지완이 서로를 구원할 수 있는지 건네다 본다.

그 장면에서 "너는 언젠가 지워질 거다. 내가 그랬던 것처럼"이라는 문장을 떠올려야 한다. 재원은 그 문장을 쓰면서 자신이 만든 영화, 아직 영화화되지 못한 시나리오를 자조했을 것이다. 그것은 영화감독으로서 자기 자신에 대한 회한과 여성 영화감독이 이뤄낼 수 있는 꿈에 대한 체념을 보여준다. 그러나 지완은 [여판사]의 필름을 찾아낸 후 재원이 멈춰 선 문장, 그 한탄이 스며있는 글귀에서 알 수 없는 열정에 사

로잡힌다. 스스로를 다시 재구해야 하는 지완은 그 문장 너머에서 언어화될 수 없는 생의 감각을 얻는다. 이후 과거에 잠든 재원의 영화(필름)가 깨어날 때, 지완이 만들 미래의 영화도 눈을 뜬 것처럼 보인다. 지워지고 소실돼서 복원되기 어려운 것으로 보였던 자기 삶과 영화감독으로서의 꿈이 공존의 희망을 얻은 것이다.

영화 후반, 옥희는 지완이 발견한 [여판사]의 필름 조각 덕분에 그 옛날 편집 기사로 다시 한번 되돌아간다. 손수 이어붙인 필름을 흰 천에 영사하면서, 다른 시대를 살았던 두 여성 영화인의 특별한 시사회가 시작된다. 시골집 마루 위 옥희의 옆자리에는 재원 대신 지완이 있고, 지완은 재원으로부터 전해진 대사("너는 언젠가 지워질 거다. 내가 그랬던 것처림")의 다른 버전을 옥희로부터 듣는다. "자넨 끝까지 살아남아."

이제 〈오마주〉를 보는 내내 어른거리던 죽음의 이미지를 해명하려 한다. 영화 초반, 지완은 공터 주차장에서 쓸쓸하게 생을 마감하고도 오랜 시간 아무에게도 발견되지 않은 이의 시체가 실려 나가는 것을 본다. 익명의 죽은 여자는 재원의 최후와 그녀의 소실된 필름을 은유한다. 영화 종반, 자살한 여자의 시체가 발견을 기다리던 공터 주차장 자리로 홍재원의 그림자가 윤곽을 드러낸다. 그렇게 두 쓸쓸한 죽음이 하나가 된다. 오르막길을 올라가던 지완은 그것을 본다. 해명과 성찰을 기다리는 '공백'을 지완은 한참이나 응시한다. 그것은 자기 삶을 끊임없이 간섭하던 유령(적인 것)의 실체다. 힘겨운 삶에 지쳐가면서도 포기되지 않은 영화에 대한 열망이고, 그래서 감당해야 하는 두려움이기도 하다.

〈오마주〉의 엔딩은 인상적인 몽타주로 마무리된다. 보이스 오버 내래이션으로 지완을 향해 아들이 옮겨 쓴 시가 낭독된다. 시의 제목은 비스와바 쉼보르스카가 쓴 「내가 잠든 사이에」이다. 이 시는 "뭔가를 찾아 헤매는 꿈을 꾸었다"라는 구절로 시작해 "내 것과 내 것이 아닌 것들/ 불안과 안도 사이를"이라는 구절에서 끝난다. 시는 아들의 목소리로 읊어지다가 어느 순간 지완의 목소리로 낭독된다. 그때 지나가는 쇼트들은 알 수 없는 집념에 사로잡혀 지완이 찾아 헤맨 장소들을 정갈하게 보여준다. 그제야 비로소 '여성으로 살기'와 '감독으로 살기'가 불편한대로 공존할 수 있는 가능성이 짐작된다. 지완은 자신에 대한 오해에서 이해로 넘어온 듯한 아들을 두고, 재원이 더 만들지 못한 영화를 찍을 것이다. "남자였으면 어땠을까"하는 아쉬움을 떨치고, 자궁을 적출한 지완은 새로운 시나리오를 쓸 것이다. '여성 영화감독'으로 밀려나지 않고, 그저 '영화감독'으로 버텨낼 것이다.

〈오마주〉를 보는 동안 기억 아래에 잠들어 있던 전혀 다른 결의 영화들이 웅성댔다. 허우 샤오시엔이 오즈 야스지로의 흔적을 찾아 교감하는 장면들을 번안하고 있는 〈카페 뤼미에르〉, 그리스 출신 미국 영화감독이 고국으로 돌아가 영화사 초창기에 사라진 필름 세 통을 찾는 과정을 담은 〈율리시즈의 시선〉, 내일이면 문을 닫는 복화극장의 마지막 상영과 상영관 안팎을 유령처럼 배회하는 여성 매표원을 보여주는 〈안녕, 용문객잔〉. 이들은 그 무렵의 시네필들을 각성시킨 영화였다. 세월을 뛰어넘은 우정이 스민 필름 조각과 그것을 품은 영사실을 기억하게 하는 〈시네마천국〉, 기억하(려)는 자와 죽은 자의 목소리로 번갈아 낭독되는 시로 여운을 남기는 〈시〉, 벌써 꿈처럼 멀어진 어제의 장소들을 천천히 응시하게 하던 〈비포 선라이즈〉의 엔딩 몽타주도 떠올랐다.

부디 이 글이 〈오마주〉를 놓친 이들을 도울 수 있길 바란다.

**안 숭 범**  instory@khu.ac.kr

경희대학교 국어국문학과 교수, 대학 부설 K—컬처스토리콘텐츠연구소 소장. 시인과 영화평론가로 등단한 이래 문화콘텐츠 기획 및 비평에 매진하고 있다. 국제영화비평가연맹 한국 본부 사무총장, 부산국제영화제 심사위원을 역임했고, 저작으로 영화평론집 『환멸의 밤과 인간의 새벽』 학술서 『SF, 포스트휴먼, 오토피아』 시집 『소문과 빌런의 밤』 등이 있다.

2022.11

# 안태진 감독
## Ahn Tae-jin

---

올빼미

---

**감독** 안태진

**출연** 류준열, 유해진

**각본** 현규리, 안태진

**음악** 황상준

**제작** 백창주, 백연자, 이주현, 최재화

**프로듀서** 이강진

**촬영** 김태경

**제작사** 씨제스 엔터테인먼트 | 영화사 담담

# 〈올빼미〉가 계급적 욕망을 묘사하는 방식

— 안태진 감독 〈올빼미〉

송석주(영화평론가)

만날 수 없을 것 같은 사람들이 만나서 교감(혹은 대립)하는 이야기는 언제나 흥미롭다. 거기에는 아름다우면서도 기이하고 파괴적인 힘이 있다. 그 힘이 스크린을 경유해 관객의 눈으로 쏟아질 때, 영화는 심원한 호소력을 지닌 예술로 기능한다. 그 이유는 영화가 이데올로기적 예술이자 계급의 산물이라는 점과 무관하지 않다. 소련의 영화감독 세르게이 예이젠시테인은 서로 대립하는 장면의 연쇄적 충돌에 영화의 힘이 있다고 믿었다. 우리는 그것을 '소비에트 몽타주'라고 부른다. 장면의 충돌은 계급의 충돌이다. 그 충돌로 인해 발생하는 스파크가 영화다. 영화는 서로 다른 계급이 충돌하는 뜨거운 장이다.

〈올빼미〉도 계급에 관한 영화로 읽을 수 있다. 안태진 감독은《씨네

21》과의 인터뷰에서 "주맹증으로 중심을 잡고 그다음에 침술사와 인조 이야기를 가져왔다"라고 밝혔다. 영화의 물꼬는 인조(유해진 분)가 아니라 주맹증에 걸린 침술사 경수(류준열 분)가 튼 것이다. 그가 조감독으로 참여한 〈왕의 남자〉(2005)도 연산군(정진영 분)보다는 광대들이 극을 주도하는 영화다. 앞을 잘 보지 못하는 경수가 침술을 통해 인조의 운명을 좌우했다면, 장님놀이를 하다가 진짜 장님이 된 장생(감우성 분)과 예쁜 외모로 천자를 홀린 공길(이준기 분)은 의미심장한 풍자극을 통해 연산군의 운명을 좌우했다. 경수와 장생, 공길은 계급적 등가물이다.

계급적 차이를 발판으로 삼은 인물들의 이야기는 한국의 역사영화에서 흔하게 발견된다. 잠시 광해군의 대리 역할을 맡았다가 '진짜' 왕이 된 하선(〈광해, 왕이 된 남자〉), 관노의 아들로 태어난 노비였으나 중용되어 세종과 특별한 우정을 나눴던 장영실(〈천문: 하늘에 묻는다〉), 흑산도에서 유배 생활을 한 정약전에게 바다의 생태 지식을 알려준 어부 창대(〈자산어보〉) 등은 모두 하층부에 속하는 인물들이다. 그러나 그들은 세계영화사에 최초로 재현된 하층부인 '공장을 나서는 노동자들'과 다르다. 하선과 장영실, 창대는 자신들의 신분에 비해 많은 것을 목격했다. 그렇다면 〈올빼미〉의 경수가 목격한 것은 무엇이었나?

## 경수와 소현세자의 이야기

경수는 궁에 가면 팔자를 고칠 수 있다는 이야기를 듣고, 궁으로 가길 희망한다. 그렇게 되면 아픈 동생의 병도 고치고, 기와집도 살 수 있으니까. 하지만 경수는 어의 앞에서 자신의 의술을 보여줄 기회마저 얻지 못한다. 이때 그는 화면의 원경遠景에 위치한다. 카메라와 가장 멀리 떨어져 있는 경수의 자리는 그의 계급적 위치를 반영한다. 어의가 만족하는 인재를 얻지 못하고 돌아서는 찰나, 경수는 환자의 걸음과 숨소리만으로 병세를 정확히 진단한다. 게다가 앞이 보이지 않는 경수는 내명부 마마들을 실로 진맥해야 하는 (경수의 표현을 빌리면) "요식 행위"를 하지 않아도 되기에 어의로부터 발탁돼 궁으로 들어가는 데 성공한다.

〈올빼미〉에서 가장 정서적으로 이완되는 순간은 소현세자와 경수가 만나는 장면에 있다. 낮에는 볼 수 없고, 밤에는 시력이 살짝 돌아오는 경수의 상태를 알게 된 소현세자가 "왜 볼 수 있으면서 못 본다 하였느냐?"라고 질문하자 경수는 "소경이 보는 것을 사람들은 좋아하지 않습니다"라고 답한다. 이어 경수는 마음의 병을 앓고 있는 소현세자에게 "때론 눈을 감고 사는 것이 몸에 더 좋을 때가 있습니다. 그렇게 다 올곧게 보고 사셔서 아프신 겁니다"라고 덧붙인다. 이에 소현세자는 경수에게 청에서 가져온 확대경을 선물하며 "안 보고 사는 게 몸에 좋다고 하여 눈을 감고 살면 되겠느냐. 그럴수록 눈을 더 크게 뜨고 살아야지"라고 말한다.

다소 낭만적으로 느껴지는 이 장면에는 계급의 격차가 무화되는 어떤 움직임이 있다. 이 장면이 있었기 때문에 경수는 소현세자의 아들을 구하기 위해 발걸음을 돌렸다. 눈을 감고 사는 게 몸에 좋다고 믿었던, 팔자를 고치기 위해 눈을 감은 채 궁에 들어왔던 경수는 아프더라도 올곧게 보며 사는 길을 선택한다. 경수의 행동이 변화한 배경에는 소현세자에 의한 시혜적 차원의 교육이나 보살핌 따위에만 있지 않다. 앞선 대화를 살펴보면 두 사람은 동등한 입장에서 교감하고 소통했다. 결국 정의로운 이데올로기는 일방적인 주장이나 설교가 아닌 지배계급과 피지배계급의 가치와 신념, 태도가 조화를 이룰 때 완성되는 의식 체계다.

## 인조와 소현세자의 이야기

〈올빼미〉는 인조가 어의를 시켜 소현세자를 독살했을지도 모른다는 야설에 기대고 있다. 역사적으로 친명배금 정책을 폈던 인조는 소현세자가 청을 위시해 자신을 몰아낼지도 모른다는 불안감에 늘 휩싸여 있었다고 한다. 소현세자가 청 황제의 칙서를 대독하는 장면은 부자의 파국을 처음으로 암시한다. 이 장면에서 소현세자는 인조의 자리에서 인조를 내려다본다. 인조의 입장에서는 소현세자가 자신의 자리에 앉아 있는 것을 올려다본다. 왕과 세자의 자리가 역전된 것이다. 이때 인조는 풍으로 인해 일그러진 자신의 왼쪽 눈을 손으로 가린다. 이처럼 그는 영화의 결정적 장면에서 무언가에 의해 가려져 있거나 카메라로부터 멀리 떨어져 있다.

인조가 잘 보이지 않는 이유는 그래야만 왕위에 오래 머물 수 있기 때문이다. 예를 들어보자. 영화가 시작하고 30분이 다 되어서야 모습을 보이는 인조는 빨간 발에 가려진 채로 등장한다. 발이 걷힌 후에도 그는 시선을 계속 아래로 향한 채 있다. 소현세자의 독살을 교사한 일이 경수에게 발각돼 인조의 후궁이 어의를 추궁하는 장면에서 그는 문틈 사이로만 모습을 보인다. 최 대감과의 극적인 담판으로 왕위를 부지한 인조는 자신을 고발하는 경수를 죽이라고 명하지만, 아이러니하게도 그의 말을 듣는 신하는 아무도 없다. 이때 카메라는 인조를 익스트림 롱 쇼트로 포착하는데, 이 순간 그의 모습은 왕이라기보다는 패잔병에 가깝다.

잘 보이지 않아야 왕위에 오래 머물 수 있는 인조가 처음으로 밖을 나오게 된 계기는 8년 만에 청에서 돌아온 소현세자를 맞이하기 위해서였다. 적어도 영화상에서 인조를 내부에서 외부로, 잘 보이지 않는 상태에서 잘 보이는 상태로 만든 게 소현세자라는 것이다. 인조에게 소현세자는 본처가 낳은 아들正嫡이라기보다는 자신의 계급을 전복하고, 정치적으로 대립하는 사람政敵이었다(공교롭게도 두 단어는 모두 '정적'이다). 소현세자가 인조로부터 죽임을 당했던 이유, 나아가 인조가 경수로부터 죽임을 당할 수밖에 없었던 이유가 바로 여기에 있다. 인조(경수)에게 소현세자(인조)는 그 자리(계급)에 있으면 안 되는 사람이다.

## 관객은 무엇을 보았을까?

역사영화는 단순한 과거의 이야기가 아니라 현재의 거울로 바라본 과거의 이야기다. 거기에는 당연하게도 오늘날의 계급적 욕망이 투영되어 있다. 대단히 민주적이지만 계급 상승의 사다리가 파괴된 사회에 살고 있는 관객의 욕망이 득실거린다는 얘기다. 그렇기 때문에 영화 속 주인공의 자리는 관객의 자리와 비슷하거나 같다. 주인공이 관객의 욕망을 대신 실현해야 하기 때문이다. 소현세자가 죽고 4년 뒤, 경수는 침술사로서 꽤 성공한 것으로 묘사된다. 영화에서 유일하게 죽지 않고, 계급 상승을 이룩한 사람이 경수다. 경수가 죽지 않은 이유는 주인공이라서가 아니다. 그가 관객의 욕망을 실현하는 대리자이자 관객 그 자체이기 때문이다.

영화의 엔딩 시퀀스에서 인조에게 시침하는 경수는 그를 쳐다보며 "무엇이 보이십니까?"라고 묻는다. 이 질문은 경수가 관객에게 던지는 것으로 생각할 수도 있다. 이 장면은 인조의 시점으로 촬영됐기 때문에 실제로 경수가 보는 것은 인조가 아니라 카메라이다. 인물이 카메라를 쳐다본다는 것은 관객을 쳐다본다는 말과 같다. 마침내 경수가 관객의 눈을 바라보며 말을 걸어온다. 관객은 영화 내내 무엇을 보았을까? 관객은 경수의 물음에 어떻게 답할 수 있을까? 계급의 균열과 갈등, 전복의 힘이 충돌하는 〈올빼미〉는 경수의 자리에 관객을 끊임없이 호명하면서 오늘날 한국사회의 계급적 욕망을 다채롭게 포착한다.

송 석 주 sssp0112@naver.com
제15회 쿨투라 신인상 영화평론 부문에 당선됐다. TBN 〈달리는 라디오〉〈낭만이 있는 곳에〉 등 영화 코너에 고정 게스트로 출연했다. 한국기자협회 '2023 기자의 세상보기' 공모전에서 우수상을 수상했다. 현재 이투데이 문화부 기자로 일하고 있다.

# 김한민 감독
# Kim Han-min

### 한산: 용의 출현

**감독** 김한민
**출연** 박해일, 변요한, 안성기, 손현주
**각본** 김한민, 윤홍기, 이나라
**음악** 김태성
**제작** 김한민
**프로듀서** 김주경
**촬영** 김태성
**제작사** 빅스톤픽쳐스

# 이 전쟁은 의義와 불의不義의 싸움이니라!

— 김한민 감독 〈한산: 용의 출현〉

김시무(영화평론가)

김한민 감독의 〈한산: 용의 출현〉은 '임진왜란 삼부작' 가운데 가장 중요한 해전이었던 한산대첩閑山大捷을 본격적으로 다루고 있다. 시리즈의 첫 번째 작품으로 제작된 〈명량〉(2014년)은 알다시피 관객동원 1,760만 명을 넘어섰는데, 이는 이제까지 한국영화 중 최고의 흥행기록이다. 그리고 지난 2022년 7월 마침내 영화 〈한산: 용의 출현〉이 그 웅장한 실체를 드러냈다. 개봉 첫날 관객 38만 명을 동원했고, 최종적으로는 720만 명을 약간 넘어섰다. 전작의 기록에 비해서는 턱없이 모자란 스코어였지만, 코로나 팬데믹 여파로 개봉 시기를 훌쩍 넘겼다는 점 등을 감안했을 때, 결코 무시할 수 없는 기록이라고 할 수 있다.

영화 〈한산〉이 공개된 직후 평자들의 다양한 리뷰 글이 나왔다. 그 가운데 우선 내 관심을 끌었던 주장은 이순신 역의 박해일의 대사가 너무 없다는 지적이었다. 요컨대 존재감이 미미하다는 것이었다. 일견 맞는 말이다. 하지만 그 말을 뒤집으면 이는 "〈명량〉에서 카리스마 쩔던 이순신을 볼 수 없어서 아쉽네요." 하는 볼멘소리처럼 그렇게 읽혀진다. 그리고 그 뒷말은 "모름지기 조선의 천하무적이요 불패不敗 장군이라면 최민식 정도의 강렬한 포스를 보여줬어야지~~"라는 아쉬움으로 이어지기 일쑤였다.

요점을 말하자면 그들은 텍스트만 보고 콘텍스트는 철저하게 외면하고 있다는 게 내 생각이다. 두 작품은 전혀 다른 상황에 처한 이순신 장군의 모습을 그리고 있다는 점을 염두에 두어야 한다. 연대기적으로 봤을 때, 한산대첩閑山大捷은 1592년에 일어났고, 명량해전鳴梁海戰은 1597년에 일어난 해전이었다. 그 사이 5년이라는 시간이 흘렀고, 또 그만큼 많은 일들이 벌어졌던 것이다.

명량해전은 이순신이 원균 등의 모함으로 체포되어 국문鞫問까지 받고 돌아와 보니 그 튼튼했던 판옥선板屋船들을 원균 경상우수사가 다 말아드시고 고작 12척만 남은 절체절명의 위기상황에서 시작한다. 군사들의 사기는 바닥이었고 왜구들은 기세등등했다. 이때 몸도 맘도 성치않았던 이순신은 어떻게 이 난국을 풀어나가야 했을까? 그는 우선 무엇보다도 용장勇將의 면모를 보여주어야만 했다. 그래서 그는 부하들을 다독이는 것에서 나아가 군율을 엄격히 하고 솔선수범해야 했다. 해전에 임하여 부하들이 주저하자 홀로 적진에 뛰어들어 고군분투했다. 그러한 극한 상황 속에서 카리스마 작열하는 이순신 장군이 요청되었던 것이다. 배우 최민식은 그러한 이미지에 매우 잘 부합했고, 그의 기용은 성공적이었다.

하지만 한산대첩은 달라도 너무 달랐다. 개전 초기라 이순신에 대한 모든 것이 베일에 싸여 있었다. 판옥선도 충분했고, 게다가 정체불명의 구선龜船, 즉 거북선도 보유하고 있었다. 앞선 소규모의 사천해전泗川海戰에서 승리를 거둬 군사들의 사기도 충천했다. 이때 거북선이 처음으로 그 위용을 과시했던 것이다. 이 전투 이후 일본군들은 거북선을 해저 괴물 '복카이센'이라고 표현하면서 두려워하는 기색을 감추지 못했다.

상황이 이럴진대 이순신은 서두를 필요가 전혀 없었다. 영화 초반 전라좌수영의 회의장에 모인 조선 수군 지휘부의 작전회의 장면을 떠올

려 보자. 전라좌수사 이순신 장군은 갑론을박이 오가는 가운데 그저 묵묵히 참모들의 의견을 청취하고 정보원들의 정보를 취합하여 작전의 구상에만 몰두한다. 구구절절 말이 필요 없는 상황이었다. 원균을 비롯한 여러 장수들이 낸 의견은 크게 두 가지로 압축되었는데, 적들이 방심할 때 쳐야 한다는 공성攻城과 섣불리 움직이지 말고 때를 기다려야 한다는 수성守城이 바로 그것이었다. 당시 지위로 보나 경력으로 보나 발언권이 가장 셌던 경상우수사 원균(손현주 분)은 후자를 강력히 주장했는데, 이는 왜군의 위세에 짓눌려 선택한 도피적인 처신일 뿐이었다. 원균이 한 장수의 부산포 공성 발언에 미쳤냐며 화를 내는 장면은 그 단적인 예다.

마침내 이순신은 결단을 내렸다. 수성을 하되 바다 한가운데서 수성을 한다는 것이었다. 그저 적을 적당히 유인하여 일거에 박살을 내면 그뿐이었다. 이른바 학익진鶴翼陳이었다. 그리하여 한산 앞바다에 판옥선들로 거대한 성이 쌓아졌고, 그 성을 깨기 위해서 어린진魚鱗陳으로 돌진해오는 일본의 아타케부네, 즉 안택선安宅船들을 모조리 수장시켰던 것이다. 적장 와키자카는 초반에 탐색전을 펼치다 학익진의 약점을 파고 들었다. 그리고 어린진으로 정면승부를 펼치던 그는 난데없는 '용의 출현'으로 낭패를 보고 말았던 것이다.

요컨대 이순신에게 카리스마가 필요한 상황이 아니었다는 것이다. 그래서 용장이 아닌 지장智將으로서 박해일의 캐스팅은 적절했다는 것이다. 영화 〈한산〉은 이순신 일개인의 용맹을 보여주려는 게 아니라 학익진 그 자체에 초점을 맞추고 있다. 그 점은 성공적이라고 본다. 김한민 감독이 〈명량〉에서 영혼을 갈아 넣고 탈진해버린 최민식의 공백을 영리하게 극복한 것 같다. 또한 노장군 어영담(안성기 분)의 솔선수범 활약은 과묵한 이순신의 보좌역으로 매우 적절한 캐릭터라고 여겨진다.

한산대첩은 이순신이 이끄는 조선의 수군水軍이 거북선 3척을 포함하여 전선 56척으로 왜군이 이끌고 온 전선 73척 중 47척을 침몰시키고 12척을 나포하는 전과를 세운 그야말로 대첩大捷이었다. 일본은 이 전투의 패배로 조기에 조선을 정복하고 명나라로 진출하려던 침략 야욕에 제동이 걸리고 말았다.

영화 한산에서 주제의식을 단적으로 보여주는 장면이 있다. 왜군 포로를 심문하던 중에 이순신이 준사(김성규 분)라는 자의 범상치 않은 모습을 눈여겨보고 그와 일대일 대화를 나누는 장면이 바로 그것이다. 준사는 목이 베일지도 모르는 절박한 상황에서 이순신에게 묻는다. "청컨대, 대답을 해주시오. 도대체 이 전쟁은 무엇입니까?" 이에 이순신은 준사를 찬찬히 쳐다보면서 "의義와 불의不義의 싸움이니라!" 하고 대답해준다. 의와 불의의 싸움이라니?

이에 준사는 자신이 사천해전에서 이순신을 저격한 장본인임을 밝히고, 왜장은 자신이 살기 위해 부하들을 방패막이로 쓰는데, 이순신은 오히려 부하의 안위까지 챙기는 모습을 보고 깊은 인상을 받았다고 고백한다. 그리고 항왜抗倭를 결심한다. 그렇다면 조선이 의이고, 일본이 불의인가? 김한민 감독은 두 가지 사건의 대비를 통해서 이 문제를 풀어

나간다.

먼저 당시 조선의 국왕이었던 선조의 태도다. 선조는 알다시피 파죽지세로 몰려오는 왜군을 피하여 일찌감치 한양을 버리고 평양성을 거쳐 평안북도 의주로 파천播遷한 상태였다. 심지어 선조는 사신을 보내 명나라 망명까지 타진하고 있었다. 지 한몸 보신을 위해 백성을 버린 데 이어 나라까지 버리려 한 선조의 태도는 불의 그 자체였던 셈이다.

한편 왜장들의 이전투구도 역시 불의를 적나라하게 보여준다. 사실 이순신과 대적하기 전에 와키자카(변요한 분)는 2,000여 명의 군사로 용인 광교산에 진을 치고 있던 근왕군 5만 명을 급습하여 대승을 거둔 전력이 있는 맹장猛將이었다. 그는 책사 구로다 간베에(윤제문 분)의 명으로 앙숙이었던 가토(김성균 분)와 협력하여 조선 수군의 본진을 치기로 했지만, 가토가 몰고 온 전선들만 압수하고 배신을 때린다. 조선을 정벌할 경우 하사받을 전라도 지방을 독차지하려는 욕심 탓이었다. 더욱이 김한민 감독은 웅치전투에서 죽어간 이름 없는 의병들의 활약상을 해전과 병치시킴으로써 의義의 의미를 강조하고 있다.

전작인 〈명량〉을 이미 본 관객이라면 〈한산〉을 접하면서 주요 등장인물들의 중첩에서 오는 발견의 재미를 맛보았을 터이다. 예컨대 전작에서 항왜 준사(오타니 료헤이 분)의 첩보전이 특히 돋보였는데, 〈한산〉에서 그의 전향과정이 상세히 묘사되고 있다. 또한 전작에서 벙어리 정씨 여인(이정현 분)과 세작 임준영(진구 분) 커플의 헌신적인 애국심이 눈시울을 붉게 만들었는데, 〈한산〉에서 그녀, 즉 정여름(김향기 분)이 와키자카가 총애하는 기생이었음이 밝혀지게 되는 것이다. 적장을 끌어안고 투신한 논개에 대한 오마주라고 할까?

지난해 7월 개봉 당시 〈한산〉의 러닝타임은 130분이었다. 하지만 11월 재개봉한 〈한산 리덕스〉는 150분이었다. 무려 20분이 늘어난 것이다. 도대체 어떤 장면들이 추가되었을까? 우선 눈에 띄는 장면은 이순신 장군의 모친인 초계변씨(문숙 분)가 등장한다는 점이다. 소문난 효자였던 이순신의 면모를 새삼 확인할 수 있게 해준다. 또 하나는 아주 눈을 크게 떠야만 알아 볼 수 있는 인물인데, 김한민 감독 자신이 권율 장군 역을 맡았다는 사실이다. 첫 개봉 당시 이 대목이 없었다는 것은 매우 현명한 판단이라고 여겨진다.

김 시 무 kimseemoo@daum.net
영화평론가. 한양대학교 연극영화학과와 홍익대학교 대학원 미학과를 거쳐 동국 대학교 대학원 영화학과에서 박사학위를 받았다. '이장호영화연구회', 한국영화학 회 회장 등을 역임했고 《동아일보》 신춘문예 심사위원을 지냈다. 제2회 PAF비평 상을 수상했다. 저서로 『스타 페르소나』 『홍상수의 인간희극』 『Korean Film Directors: Lee Jang-ho』 『영화예술의 옹호』 등이 있고, 역서로 『문화연구를 위한 현대 사상가 50』 『영화이론의 개념들』 『영화의 해부』 등이 있다.

# 이정재 감독
# Lee Jung-jae

## 헌트

**감독** 이정재

**출연** 이정재, 정우성, 전혜진, 허성태, 고윤정

**각본** 이정재, 조승희

**음악** 조영욱

**제작** 한재덕, 이정재

**프로듀서** 박민정, 조재상

**촬영** 이모개

**제작사** 사나이픽처스, 아티스트스튜디오

# 정체성의 알레고리

## — 이정재 감독 〈헌트〉

송효정(영화평론가, 대구대 교수)

'두더지가 회사에 박혀있다.' 대통령을 암살하기 위해 남한 정보국 내 잠입한 북한 첩자를 색출하기 위한 은밀한 있는 첩보전이 진행된다. 영화 〈헌트〉(2022)가 보여주는 1980년대는 전두환과 비슷하지만 어딘가 묘하게 다른 얼굴의 군인출신 독재자가 통치하는 폭압의 시대다. 허구를 알리바이 삼아 영화는 냉전기 한국사회가 경험했음직한, 하지만 어딘가 과장되고 뒤틀린 시대로 회귀해 기만의 게임을 진행한다.

이정재는 〈오징어게임〉(2021)을 경유하며 성취한 배우 경력의 정점에서 자신의 감독 데뷔작 〈헌트〉를 선보였다. 미국, 일본, 태국 등 국제적 외교무대를 배경으로 본인은 물론, 정우성, 전혜진 등 주연진을 비롯 황정민, 이성민, 박성웅, 주지훈 등 톱배우 조연진에 이르는 화려한 캐스팅을 통해 이정재는 그간 영화계에서 쌓아 온 자신의 역량을 자연스럽게 발휘했다. 전쟁영화를 방불케 하는 대형 총격전과 몰아치는 사건의 연쇄, 그리고 어둡고 축축하게 묘사된 누아르적 정서로 영화의 외관도 그럴듯하게 갖췄다. 정체성의 불신 속으로 관객을 몰아가며 영화는 누가 안기부 속 잠입된 '동림'인가와 더불어 누가 진정한 혁명과 해방을 열망하는 자인지를 탐문하게 만든다.

대통령 미국 순방 중 워싱턴에서 암살시도가 일어난다. 이후 일본에서 망명 신청한 북한 고위 간부를 통해 국가안전기획부(이하 안기부) 내에 북한이 '동림'이라는 첩자를 심어두었음을 확인하게 된다. 상부에서는 조직 내 첩자를 색출하는 작업을 위해 안기부 해외파트와 국내파트가 서로를 의심하게 한다. 해외파트 차장 박평호(이정재 분)와 국내파트 차장 김정도(정우성 분)는 유신시대 중앙정보부에서 구원舊怨이 있는 사이다. 이들은 자신이 동림이 아님을 입증해야하는 한편 상대가 동림임을 입증해야 한다. 피 말리는 긴장감 속에서 외부(북한)와 내부(남한)에서 대통령 암살이라는 이중의 비밀 작전이 진행된다.

〈헌트〉는 음모자의 열정에 기댄 허구적 대체역사물이다. 1980년 광주와 같은 참혹한 학살이 있었고 1983년 아웅산 묘역 테러와 같은 사건이 있었다. 하지만 현실과 묘하게 다른 인상은 '전두환을 닮은 초상'의 대통령(그의 이름은 언급되지 않는다)이 주는 이질감을 통해 제시된다. 영화 속 현실은 현실인 듯 현실 같지 않고 역사를 배경으로 했지만 체험적 실감은 무척 적다. 대학가에 전경이 침범하고 시민들은 민주화 투쟁을 위해 거리로 나온다. 하지만 영화는 이러한 현실의 디테일에 무심하다. 고립된 안기부 내 첩보전이 대한민국의 운명을 장악한 듯 시종일관 사건은 국가기관 내에서 벌어지는 의심과 그에 따른 대형 테러들을 따라간다. 워싱턴에서, 도쿄에서, 방콕에서 과격한 총기난사 테러가 일어나고 인물들은 서사적 개연성을 위해, 덧없이, 죽어간다.

이는 〈1987〉(2017)이나 〈택시운전사〉(2017)같은 영화가 실제 역사적 사건 속에 일부 허구의 인물을 개입시킴으로써 민주화시대에 대한 실제성을 최대한 훼손시키지 않으려 했던 신중한 태도와 다르다. 허구를 가미한 첩보 액션물로서의 〈헌트〉는 현실 외부에 폐쇄적으로 가공된 세계를 통해 실제 대한민국의 사태들을 스펙터클화한다. 대학생들의 민주화 투쟁, 참혹한 고문과 무고한 시민학살이라는 참상은 인물들의 내적 동기를 납득시키기 위한 덧붙인 이미지로 동원된다. 상업영화를 지향한 작품을 두고 이러한 점을 비난할 수만은 없다. 하지만 재현의 성실성과 신선함에 대해 묻는다면 〈헌트〉는 다소 태만한 영화에 속할 것이다.

조직 내 잠입한 이중첩자의 모티프는 본격 첩보물을 표방한 〈베를린〉(2013) 이래 액션누아르 〈신세계〉(2013)를 경유하며 한국 상업영화에서 관객들이 빈번히 접해온 것들이다. 근래 한국 액션, 첩보, 누아르들의 중첩된 남성 멀티 캐스팅으로 인해 시대와 배경을 지우고 보면 검푸른 누아르적 풍경, 어두운 내면, 정체성의 교란과 불안이라는 정서가 겹쳐 보인다. 배우, 색조, 이중첩자라는 모티프는 〈헌트〉가 그간 집적되어온 한국 남성 액션물의 매너리즘의 산물임을 알 수 있게 한다.

　다른 한편에서 영화 〈헌트〉는 국가정보요원을 중심에 두고 실제 역사적 사건을 소재로 한 〈남산의 부장들〉(2020)과 〈공작〉(2018) 사이에 놓일 법한 첩보물이다. 정보국 내의 암투, 기만과 협잡, 믿음의 밸런스의 파괴, 그리고 긴장과 의심을 서사의 주축으로 가져간다는 점에서도 그러하지만 스파이 스릴러물의 마초이즘을 전시한다는 점에서도 그러하다.

　서로 다른 가치를 지향하는 타협할 수 없는 정체성의 소유자이지만 더 큰 정의를 위해 어느 순간 연대한다는 분단서사의 모티프도 동일하게 작동한다. 안기부 취조실 유리에 반사된 실루엣의 중첩을 통해 그리고 곳곳에 등장하는 거울신을 통해 실상 영화는 평호와 정도가 전도되어 있으나 공통의 목적을 지닌 존재임을 암시하고 있다. 평호는 남북통일이라는 거시적 목적을 위해 수단을 정당화하고, 정도는 민주화 혁명을 위해 사소한 폭력을 묵인하며 비밀리에 미션을 수행한다. 통일과 민주화, 한국현대사에서 가장 강력한 대의를 위해 차악을 묵인하는 인물들은 서로 데칼코마니처럼 닮아있다.

　분단과 냉전 내러티브가 음모의 논리에서 움직인다는 점에서 〈헌트〉는 외견만 일부 다를 뿐 근래 한국 분단·첩보영화에 민주화영화의 구성을 뒤섞은 안일한 편집본에 불과할 수 있다. 통일과 혁명은 공허한 가치로 울려 퍼지고, 인물의 내밀한 감정에 몰입할 틈도 없이 영화는 쉴 새 없이 기만의 연쇄로 치닫다 마침내 파국에 이른다.

영화 포스터에서 서로에게 총구를 겨눈 평호와 정도의 위치를 상기해보자. 이들의 이미지는 북과 남, 통일과 민주화에 대한 알레고리다. 극중 이름마저도 평호와 정도는 평화와 정치적 올바름을 상기시킨다. 슬프게도 이중첩자로서의 불안과 정체성의 모호함은 그 시대를 경유한 우리들이 벗어날 수 없는 근본 정서다. 〈헌트〉는 그 보편성에 기대어 잘 빠진 영화를 선보였다. 기술적으로 매끈하고 액션과 음모의 에피소드는 관객이 지루할 틈 없이 곳곳에 계산적으로 배치되어 있다. 1980년대에 대한 시대적 재현도 그럴듯하게 반영되어 있다.

하지만 이러한 리얼리티가 재현의 정직함으로 이어지는가? 빠른 진행 속도에 비해 영화 속 정보량이 지나치게 많고 이조차 대부분 상황이 아니라 인물의 대사로 전달된다. 사연을 채 깊이 이해하기도 전에 주변 인물들은 허무하게 죽어나간다. 캐릭터가 품은 열정은 추상적이고 검푸르고 축축한 정서와 유리를 활용한 어두운 미장센은 미학적 클리셰에 머물고 만다. 냉소도 연민도 아닌 모호한 감정 속으로 관객들만 덩그러니 남겨진다.

이정재와 정우성 두 배우의 열연이 인상적이지만 다른 탁월한 배우들의 재능을 채 다 녹여내지는 못한 점이 못내 아쉽다. 누아르적 정서인 비정함은 검푸른 이미지로 보여지는 것이 아니라 관객들의 내면에 스며들어야 하는 것이다. 통일과 혁명은 그것이 어떤 통일이며 어떠한 혁명인가의 고단한 노선투쟁 속에서 전개되어야 한다. 억압의 역사가 만들어 낸 돌연변이들인 양, 〈헌트〉를 비롯한 한국 액션영화들은 독재자

암살, 민주화와 통일의 실패 속에서 양산된 외양이 그럴듯한 기성품처럼 보인다. 영화 〈헌트〉에는 배우 이정재의 경험치가 노련하게 반영되어 있다. 다음은 감독으로서의 이정재의 남다름을 보여줄 차례다.

송 효 정 nahbii@hanmail.net
영화평론가, 대구대 성산교양대학 자유전공학부 부교수. 제12회 씨네21 영화평론상 수상 이후 영화평론가로서 재현 체계 전반에 관여하며, 연구자로 식민-해방-냉전기 문화질서를 탐구한다.

# 외국
## 영화

**본즈 앤 올**
≶ 루카 구아다니노 감독

**아바타: 물의 길**
≶ 제임스 카메론 감독

**에브리씽
에브리웨어
올 앳 원스**
《《《 다니엘 콴 &
다니엘 샤이너트 감독

**우연과 상상**
≶ 하마구치 류스케 감독

**탑건: 매버릭**
》》》 조셉 코신스키 감독

# 2023
## '작가'가 선정한
# 오늘의 영화

# 루카 구아다니노 감독
# Luca Guadagnino

---

## 본즈 앤 올

---

**감독** 루카 구아다니노
**출연** 테일러 러셀, 티모시 살라메, 마크 라이런스, 클로에 세비니
**각본** 데이브 카이가니치
**원작** 카밀 드 엔젤리스의 소설 『Bones & All』
**음악** 트렌트 레즈너, 애티커스 로스
**제작** 티모시 살라메, 루카 구아다니노, 데이브 카이가니치
**촬영** 아르세니 카차투란
**제작사** 프레네시 필름 컴퍼니, 퍼 캐피타 프로덕션

# 아버지-말씀을 삼키고, 당신의 뼈와 살로 만든 세계

— 루카 구아다니노 감독 〈본즈 앤 올〉

강유정(영화평론가, 강남대 교수)

## 1. 뼈까지 전부 삼키는 것은

〈본즈 앤 올Bones and All〉은 당혹스러운 작품이다. 제목인 "본즈 앤 올"은 식인의 마지막 단계, '뼈까지 다 씹어 삼키는 것'을 의미한다. 대개 우리는 '고기'라고 부르는 살을 먹는다. 한 때, 소, 돼지, 닭, 양의 근육이자 살이었던 것, 그것을 먹는 것이다. 고기는 뼈를 감싸고 있는 피부 아래 부분을 지칭한다. 그래서인지, 서구권이나 가까운 나라 일본에서조차 동물의 내장은 잘 먹지 않는다. 소시지 형태로 먹기는 하지만 그건 우리가 곱창이라 이름 붙여 내장을 먹는 방식과는 다르다. 갈거나 재가

공해서 내장의 모양을 알아볼 수 없게 만든 후, 그러니까, 그것이 온기 있는 생명의 일부였을 때 어떤 모양이었는지를 완전히 지운 후, 그것을 섭취한다. 그렇게 손으로 만져지고, 눈으로 보이던 '살'은 고기가 되고, 단백질로 섭취된다. 우리 몸 안에 들어와 그것은 또 새로운 피와 살이 된다.

그렇다고, 뼈까지 먹을 일은, 거의, 없다. 아주 어렸던 시절, 다들 빠듯한 삶에 고기가 매우 귀하던 시절, 닭을 삶아 뼛속 내용물까지 빨아 먹고, 오도독 소리가 나도록 씹어 드시던 외할머니의 식성은 무척이나 기괴하게 보였다. 그 소리는, 생명의 형체, 생명체의 보호막, 생체의 집을 부수는 소리이기도 했다.

〈본즈 앤 올〉의 장르를 무엇이라 불러야 할까? 공포, 판타지라고 부르면 틀리진 않다. 사람이 사람을 먹는다. 그건 판타지다. 광인이 등장하는 공포영화에서는 종종 사람이 사람을 먹는다. 그건 미친 사람이나 하는 짓이다. 그러므로, 동족을 살해하고 먹는 건, 과학이나 인류학이 아니라 상상의 공간, 판타지의 대안 세계에서 가능한 일이여야 한다. 사람이 사람을 먹는 건, 이성과 판단을 잃은 좀비에게나 가능한 일이었다. 뱀파이어 같은 반기독교도가 저지르는 흡혈처럼 마침내 영생을 살아도 속죄할 수 없는, 가상의 사건인 셈이다. 장르를 따져보자면, 사람이 사람의 몸을 뜯어 먹는 '종'이 존재하는, 〈본즈 앤 올〉의 세계는 공포스러운 판타지의 공간이다.

하지만, 그 판타지가 루카 구아다니노 감독의 눈을 통한다면 달라질 수밖에 없다. 좀비처럼, 야수처럼 사람이 사람을 뜯어 먹는데, 〈본즈 앤 올〉은 아름답다. 그래서, 당혹스럽다. 루카 구아다니노는 이미 〈아이 엠 러브〉(2011), 〈콜 미 바이 유어 네임〉(2018)을 통해 금지가 부르는 치명 적 유혹과 에로스를 아름답게 재현한 바 있다. 루카 구아다니노가 연출 하면, 금지는 유혹이 되고 일탈은 자유가 된다.

그런 마술적 순간이 〈본즈 앤 올〉에 있다. 무엇보다, 주연을 맡은 두 배우의 젊음이 연금술의 시작이다. 〈콜 미 바이 유어 네임〉에서 한 여름 의 청춘과 정념, 금단의 에로스가 가진 청량하면서 강렬한 매력을 보여 주었던 티모시 샬라메는 그래서 가능한 어떤 아름다움을 화면 위에 구 체화해낸다. 단숨에 세상의 이목을 사로잡은 여성 신인 배우, 테일러 러 셀도 그렇다. 테일러 러셀과 티모시 샬라메가 서 있는 그 순간은 이 영 화가 닿고자 하는 미학을 언어를 넘어 표현해낸다.

정리되지 않은 머리칼을 흐트러뜨린 채 자신의 덩치만큼 큰 백팩을 메고, 물려받은 듯한 커다란 신발을 신고 있는, 여린 10대 소녀 그리고 마치 갓 태어난 초식동물처럼 야윈 몸이지만 빛나는 눈빛으로 스스로 를 지켜 내는 티모시 샬라메, 그들은 영화가 표현하고자 하는, 매런과 리 그 자체이다.

## 2. 카니발리즘, 욕망 그리고 성장

그러나, 식인행위, 사람이 사람을 먹는다는 건 루카 구아다니노가 만들 어 낸, 최초의 상상은 아니다. 우리는 아주 오래전부터, 사람이 사람을 먹는 것을 이야기로, 그림으로, 조각상으로 만들어 왔다. 카니발리즘이라는 고색창연한 이름도 거기서 비롯되었다. 카니발리즘은 종교와 결합해 제례와 축제에서 성스럽게 행해졌다.

그리스 로마 신화 속 인물 이피게네이아는 문명화된 카니발리즘의 흔적이다. 자식을 희생바치라는 신의 요구에 아가멤논은 자식 이피게네이아를 바칠 각오를 한다. 그 마음에 탄복한 신의 하해와 같은 아량 덕분에 암사슴으로 대체되긴 하지만 바쳐진 제물은 카니발리즘적 욕망의 발현과 다르지 않다.

프란시스코 데 고야의 〈자식을 잡아먹는 사투르누스〉는 어떤가, 자식의 부드러운 몸을 입안에 넣고 있는 사투르누스의 눈은 이미 광기에 젖어 있다. 거인, 사투르누스는 그 노회한 몸과 미쳐 날뛰는 욕구를 위해 약속되지 않은 미래의 시간이 가득한 아이를 잡아먹는다. 사투르누스의 광기와 욕망 앞에서 아이의 신체는 너무 작고 허약해 보인다.

영화 속에서 식인, 카니발리즘이 매혹적으로 다루어진 선례는 쥘리아 뒤쿠르노의 〈로우〉를 들 수 있다. 〈로우〉의 주인공도, 매런처럼 10대 소녀이다. 부모로부터 평생 채식만 강요받던 쥐스틴은 수의학과에 진학하며 난생처음 생간을 먹게 된다. 이후 극심한 알러지로 고통받던 쥐스틴은 갑자기 참을 수 없는, 육식에 대한, 갈망에 시달리게 된다. 심지어 날고기, 생고기에 대한 갈망 말이다. 쥐스틴은 같은 학교에 재학 중이던 언니가 가위로 손가락이 잘리는 사고 순간 함께 있게 되고, 자신도 모르는 사이에 그 잘린 손가락을 먹어 치우게 된다. 사실 언니 알렉시아도 그녀처럼 사람의 피와 살, 고기를 갈망하는 식인-종이었던 것이다. 영화 〈로우〉에서 식인에 대한 갈망은 모계를 통해 유전된 것처럼 묘사된다. 〈로우〉의 식인 욕망은 성적 욕망과 결부되어 소녀에서 여자로 정체성을 찾아나가는 쥐스틴의 성장을 촉매한다. 억압받고, 은닉되었던 욕망이 분출되는 순간, 그 순간 쥐스틴은 새로운 혹은 진짜 자기를 만난다.

유전적 영향 관계는 〈본즈 앤 올〉에서도 발견된다. 매런은 어머니로부터 그리고

Francisco de Goya, Saturno devorando a su hijo, 1819–1823, mixed media mural transferred to canvas, 143,5x81,4cm, Museo del Prado, Madrid.

리는 아버지로부터 식인 본능을 물려받은 것으로 그려진다. 여기서 주목을 끄는 것은 바로, 아버지와의 관계이다. 〈로우〉의 식인 갈망이 생물학적 요소로서 섹슈얼리티와 함께 에로틱한 자기 발견으로 이어진다면 〈본즈 앤 올〉의 식인 본능은 철저히 부권적 질서의 발견과 철폐, 전복의 에너지로 변화하기 때문이다. 매런은 편부슬하의 외동딸로 등장한

다. 충동적인 식인 본능을 억누르지 못해 간헐적으로 사고를 내는 매런 곁에 아버지가 있다. 아버지는 매런을 사랑하지만 매런의 본능을 이해하지 못하고 두려워하며 엄마에 대한 중요한 사실을 숨기는 듯 싶다. 하지만 매런의 친부는 비록 완벽하진 않지만 충실한 안내자이긴 하다. 그는 딸, 매런의 본성-진실을 정면으로 대응하지 못하고 육성 녹음 테이프에 '사실'을 남긴 채 떠나 버린다. 아버지의 육성은 지침서가 될 수는 없지만 매런이 가야할 길을 가리키는 훌륭한 지도가 되어 준다. 녹음 테이프를 들으며 매런은 자신의 기원, 역사, 어머니를 찾아 떠난다.

## 3. 오이디푸스, 살부 그리고 새로운 신화의 탄생

문제적인 것은 친부로부터 독립해 첫걸음을 뗀 매런 앞에 나타난 상징적 아버지 설리이다. 설리는 마치 신이라도 되는 듯이 스스로 자신의 이름을 부르며 3인칭화 한다. 그는 스스로를 절대 "나"라 칭하지 않고 "설리 가라사대"처럼 3인칭으로 드러낸다. 이 신격화는 사물을 통한 우상화와 더불어 진행된다. 설리는 자신이 죽이고, 먹은 사람들의 머리카락을 잘라 엮어, 긴 끈으로 만든다. 식인종으로 독립된 여정을 시작한 매런 앞에 나타난 설리는 자신의 전리품을 우상화하며 으스댄다. 그리고, 자신이 만들고 터득해낸 식인종으로서의 원칙과 감각, 생존능력과 품위 등을 따를 것을 종용한다. 설리는 상징적 아버지임을 자처하며, 자신과 함께라면 안전하게 식인 생활을 할 수 있고, 무엇보다 풍족한 생활을 할 수 있다며 유인한다. 마치 자신이 식인 세계의 법이라는 듯이, 정의이자 기준이라도 되는 듯이 말씀을 참칭하며 주위를 맴돈다.

리의 독립 역시 살부로 시작된다. 리는 가족을 괴롭히던 아버지를 없애고 집을 떠난다. 아마도 먹어 치웠으리라. 아버지로부터 물려받았으나 아버지를 없앤 그는, 고향을 잃고, 망명자로 살아가는 근대적 영웅과 닮아있다. 매런과 리, 두 사람은 서로 함께하며, 나름의 망명 국가, 식인을 하지만 그럼에도 타인에게 위협이나 공포를 주지 않는, 치외법권으로서의 독립적이며 자족적인 공간을 마련해 지켜 간다.

하지만 바로 이곳에 자의적 법과 원칙으로 군림하는 설리가 나타나고, 자신의 말이 '말씀'으로 숭배되지 않자 그 공간 자체를 부수려 한다. 자의적으로 해석되고 실행된 법은 폭력이다. 설리의 집착은 법이 아니라 오히려 독이 되고 마는, 어쭙잖은 가부장적 폭력과 닮아있다.

아버지들이 없는 세상은 매런과 리에게 천국이자 낙원이었다. 낙원을 침범한 가짜-아버지, 상징적 말씀은 무참히 부서지고 깨지고 파편화된다. 그리고 진짜 신화는 그런 아버지들의 사라짐 혹은 제거 과정에서 시작된다. 매런은 자신을 낳고, 키우고, 성장케 하고, 발견케 했던 남성들의 세계를 모두 없애고, 먹어 치워 버림으로써 매런, 오롯이 자기 하나뿐인, 스스로가 된다. 사랑했던 대상, 리의 시간, 육체, 기억, 세계마저도 매런 그녀 안으로 삼켜버린 것이다.

진정한 매런이 된 매런에게 "본즈 앤 올"은 하나의 길이자 방식이다. 완벽한 기준이나 규칙은 그녀에게 아무 의미 없다. 다만, 사랑하는 이의 모든 것을 다 먹어 치우고 빨아들여, 나의 피와 살로 스며들게 하는 것, 그 마법적 순간을 위해 영화 〈본즈 앤 올〉은 쌓여 간다. 너로 나를 채우는 카니발리즘의 폭력적이며 야만적인 행위는 최진영의 소설 『구의 증명』만큼이나 매력적이다. 하나의 완전한 원을 만들기 위해, 틈을 메우는 마지막 방법이 너를 먹는 것이듯이 사랑은 그렇게 너로 나를 채워 완성된다. 뼛속까지 전부, 매혹적이고 아름다운 오이디푸스들의 세계, 〈본즈 앤 올〉이다.

강 유 정 noxkang@hanmail.net
고려대 국어국문학과 대학원 졸업. 2005년 《조선일보》 《경향신문》 《동아일보》 신춘문예 동시 당선으로 등단. 지은 책으로 『시네마토피아』 『영화글쓰기강의』 『타인을 읽다』 등이 있다. 현재 강남대학교 한영문화콘텐츠학과 교수로 재직중이다.

# 제임스 카메론 감독
## James Cameron

### 아바타: 물의 길

**감독** 제임스 카메론
**출연** 샘 워딩턴, 조 샐다나, 시고니 위버, 스티븐 랭, 케이트 윈슬렛
**각본** 제임스 카메론, 조쉬 프리드먼, 아만다 실버
**음악** 사이먼 프랭글렌
**제작** 제임스 카메론, 존 랜도
**촬영** 러셀 카펜터
**제작사** 20세기 스튜디오, 라이트스톰 엔터테인먼트

# 반복과 차이, 욕망과 한계

— 제임스 카메론 감독 〈아바타: 물의 길〉

유지나(영화평론가, 동국대 교수)

〈아바타: 물의 길〉(2022)은 테크놀로지 중심 SF액션 볼거리로서 영화의 정체성을 성찰하게 만든다. 코로나19 팬데믹 현상이 앞당긴 OTT 영화 세상에서 영화전용 극장들이 연이어 문 닫는 상황이 진행중이다. 그 와중에 극장용 대형 스케일 관람으로 등장한 이 작품은 다양한 포맷(3D, IMAX 3D, 2D, 돌비 시네마 등) 중에서 선택 가능한 테크놀로지 중심 영화 보기에 초점을 맞춘다.

주지하다시피 〈아바타〉(2009)가 재현해낸 놀라운 3D CG효과의 성 공에 힘입어 시리즈로 기획되어 13년 후 등장한 이 작품은 3편과 동시 제작된 2편이기도 하다. 뿐만 아니라 그 흥행여부에 따라 시리즈 지속성이 5편까지 보장된 예고 속에서 제작비와 흥행수익 담론으로 화제를 불러일으키고 있다. 이를테면 원작 〈아바타〉가 세계 박스오피스에서 수익 신기록인 30억 달러에 가까운 수입을 올렸는데, 또 다시 3D 테크놀로지에 투자한 엄청난 제작비 대비 20억 달러 이상 흥행수익을 올려야 5편까지 제작/상영이 가능하다는 식의 자본규모 중심 담론이 온갖 매체를 통해 반복적으로 재생산되고 있다.

그런 맥락에서 〈아바타: 물의 길〉은 19세기 말 흥미로운 볼거리로 탄생한 영화의 물적 토대가 애초부터 테크놀로지였다는 점을 21세기판 3D 이미지 테크놀로지로 입증한 셈이다. 신기한 구경거리로 출발한 영화는 단순한 테크놀로지 중심 볼거리에만 머물지 않았다. 그런 볼거리 수단이자 도구를 통해 감독 자신의 고유한 관점과 스타일에 근거한 이미지 서사의 독창성을 통해 차이의 미학으로 종합예술성을 성취해왔다. 이렇게 변이생성적 진화를 지속해 온 영화사 흐름 속에서 제임스 카메론 감독이 주도한 '아바타 시리즈'는 무엇보다도 테크놀로지 혁신에 동원된 종합예술 텍스트로서의 반복적 한계를 입증하기도 한다.

3시간이 넘는 192분이라는 긴 상영시간을 통해 진행되는 서사는 원작보다 진화된 현란한 3D리얼리티로 판도라 대양을 재현하기 위한 바탕이자 명분으로 작동한다. 〈아바타: 물의 길〉은 원작의 서사를 그대로 이어받아 계승해 가는 점에서 정통 시리즈다운 '아바타 2'라는 점에는 의심의 여지가 없다. "원작보다 나은 2편은 없다"라는 속설은 수많은 시리즈 영화들이 증명한 경험론적 속설이기도 하다. 그럼에도 불구하고 예외적 사례는 존재한다. 원작의 성공에 힘입은 2편임에도 불구하고 원작의 서사와 핵심 이슈를 전복적으로 돌파하며 또 다른 독창성을 재현해내는 2편도 소수 존재하기 때문이다. 제임스 카메론 감독이 연출한 〈에일리언 2〉를 원작과 예외적인 차이를 달성한 창의적인 2편으로 꼽을 수 있을 것이다. 원작이 달성한 공포 장르 패러다임을 계승하면서도 주인공 리플리 캐릭터에서 모성애 클리셰를 넘어서는 변이생성에 성공한 점이 전편에 속박당하지 않는 2편의 창의적 덕목으로 작동했기 때문이기도 하다.

〈아바타: 물의 길〉은 시리즈물답게 원작의 서사와 중심 캐릭터의 본질적 속성을 이어가면서 서사적 질서를 협소하게 몰아가는 착오적 한계를 반복한다. 시공간적 설정은 원작과 같은 판도라 행성에서 15년 후

인 2169년에서 벌어지는 제이크 가족의 생존을 위한 도주와 결투의 연속이다. 나비족 네이티리와의 만남으로 나비족장으로 변이생성한 제이크는 입양아를 포함한 4자녀와 더불어 인간 정체성을 유지한 채 나비족화 된 스파이더까지 포함한 대가족의 가부장이란 정체성에 충실하다. 그리고 나비족 중 하나인 오마티카야 부족장으로서의 소명감보다 가족 생존을 지켜내는 가부장으로서의 정체성과 책임감에 초점이 맞춰진다. 그와 그의 가족의 위치가 알려지면 (백업인격 아바타로 부활한) 쿼리치 대령의 공격을 감당할 수 없을 것이란 두려움 때문에 제이크가 주도하는 탈주여정과 그에 따른 연속적인 결투가 벌어지게 된다.

스펙터클한 볼거리의 지속성을 보장하는 연결고리로 작동하는 서사 패러다임은 탈주와 결투로 점철된다. 거기에서 큰 흐름은 제이크 가족이 오마티카야족 거주지인 광대한 숲을 떠나 대양을 중심으로 거주하는 멧카이나 부족 속으로 도피하며 적응해가는 과정이다. 그 과정에서 스파이더의 납치와 더불어 제이크의 아들과 멧카이나 부족장 아들 사이의 대립, 제이크와 둘째 아들의 대립도 극적 갈등을 제공하는 구성점으로 작동한다. 이 모든 갈등 위에서 작동하는 핵심적 갈등이자 대립은 쿼리치 대령 아바타를 중심으로 한 침략자 인간과의 결투로 해결된다. 판도라 행성에서 (노화방지용) 암리타를 채취하기 위해 대형 고래 툴쿤을 사냥하는 또 다른 인간 사냥꾼들도 쿼리치의 동맹세력인 악당역을 수행한다. 원작에서 인간 악당이 판도라 행성을 침략한 이유가 언옵티늄(핵융합 초전도체) 채취란 점이 2편에서는 암리타로 변화되는 차

이를 보이며 반복된 것이다.

대립과 갈등이 점철된 스펙터클 서사에서 부자관계는 흥미롭게 제시되지만 내면심리 묘사 차원에서 문제제기에 그치는 아쉬움을 보여준다. 이를테면 자기 자신의 인간 해골을 부수며 새로운 나비족 아바타로 탄생한 쿼리치 대령이 스파이더를 납치해 나비족 언어 통역사로 활용하면서, 적시에 그를 처치하지 못하는 대결투 장면은 쿼리치의 아킬레스건을 목격하게 해준다. 나비족 언어 통역사가 필요할 만큼 언어 소통 문제에 무게를 둔 측면에서 보면 자막으로 영화보기를 하더라도 걸림돌이 된다. 영어로 대변되는 인간 언어와 나비족 언어가 각 신의 설정과 무관하게 오락가락하며 반복되는 점은 서사 질서의 순탄한 흐름을 혼란스럽게 만든다.

지난한 서사적 걸림돌 반복에도 불구하고 이 작품의 핵심적 볼거리는 대해양 풍경이다. 탄생에서부터 그레이스/에이와와 영적 관계를 내재한 키리를 중심으로 한 판도라 행성의 '물의 길' 세상이 화려한 3차원적 리얼리티/판타지 영화의 길을 재현해 낸다. 아바타 시리즈의 핵심 볼거리인 바로 그 지점이다. 그 길은 한 세기를 지난 짧은 역사를 가진 대형 스크린, 흥행중심 영화세상이 〈쇼 비즈니스〉(에드윈 L. 마린, 1944)라는 점을 입증하게 해준다. 차이를 두고 반복하자면, 아바타 시리즈의 여정은 'CG테크노 테마파크'의 화려한 볼거리로서 카메론식 '쇼 비즈니스' 길이기도 하다.

유 지 나 ginarain8@gmail.com
영화평론가. 파리7대학 기호학과 문학박사(영화기호학). 저서로 『유지나의 여성영화 산책』『한국영화, 섹슈얼리티를 만나다』(공저) 등이 있음. 동국대학교 영화영상학과 교수.

# 다니엘 콴 &
# 다니엘 샤이너트 감독
## Daniel Kwan & Daniel Scheiner

에브리씽 에브리웨어 올 앳 원스

**감독** 다니엘 콴, 다니엘 샤이너트
**출연** 양자경, 스테파니 수, 키호이콴, 제임스 홍, 제이미 리 커티스
**각본** 다니엘 콴, 다니엘 샤이너트
**음악** 손 럭스
**제작** 다니엘 콴, 다니엘 샤이너트, 앤서니 루소, 조 루소
**촬영** 라킨 시플
**제작사** A24, AGBO, IAC 필름, 이어 오브 더 랫

# 어디에나 있고 무엇도 될 수 있는 멀티버스, 저기 새 시대의 시네마가 온다

— 다니엘 콴 & 다니엘 샤이너트 감독 〈에브리씽 에브리웨어 올 앳 원스〉

정민아(영화평론가, 성결대 교수)

탱화같은 화려한 포스터와 "모든 것, 모든 곳이 한꺼번에"라는 이상한 제목 때문에 처음에는 별 볼일 없는 영화처럼 보였다. 이 영화를 A24에서 배급한다고 하니 눈이 번쩍했다. 이제 창립 10년 된 작은 영화사는 최근 인디영화계 최강자로 우뚝 섰다. 〈문라이트〉, 〈플로리다 프로젝트〉, 〈미나리〉, 〈더 랍스터〉, 〈아메리칸 허니〉, 〈미드소마〉, 〈언컷 젬스〉, 〈애프터 양〉, 〈애프터썬〉, 〈더 웨일〉. 끝도 없이 이어지는 리스트를 떠올리면 〈에브리씽 에브리웨어 올 앳 원스〉(이하 〈에에올〉)는 그냥 지나치기 힘들다. 거기에 예술영화와 고예산영화를 오가며 글로벌 팬덤을 굳건히 하는 양자경의 조연 아닌 주연작이라니, 이건 필람 영화다.

결혼하고 미국에 정착하여 수십 년간 세탁소를 운영하는 에블린은 매일 똑같은 지루한 일상을 살아간다. 그러다 나쁜 일은 한꺼번에 밀려오는 법, 남편 웨이먼드는 아내 몰래 이혼서류를 준비하고, 반항적인 외동딸 조이는 동성연인을 보수적인 할아버지에게 소개하겠다고 한다. 게다가 국세청에서 세무조사를 받아야 한다. 깐깐하다 못해 무시무시한 세무조사원은 한무더기 영수증을 살펴보며 세탁소를 아예 거둬갈 태세다.

　꽃무늬와 빨간색 의상을 입은 전형적인 중국에서 온 아주머니 에블린은 자신의 처지가 왜 이렇게 되었는지 멍하다. 이때 눈동자가 번쩍 하더니 다른 사람처럼 보이는 웨이먼드가 그녀에게 헤드셋을 끼우고 버튼을 누른 후 엉뚱한 행동을 지시하자 버스verse 점핑을 한다. 그리고 에블린은 다른 세상의 다른 인물로 변해있다.

　포스터가 암시하듯, 불교의 우주관과 맞닿아있는 평행우주/다중우주(멀티버스)로 그녀는 점프했고, 시작도 끝도 없이 존재하는 수많은 우주를 경험한다. 영리하고 예뻤던 에블린이 웨이먼드의 청혼을 받아들여 미국으로 가기를 거부한 우주에서 그녀는 은막의 대스타가 되어 시상식 레드카펫에 섰다. 그녀가 꿈꿔왔던 영화배우의 길은 성공적이고 찬란하기만 하여 지금 세탁소 주인인 현실과는 비교 대상조차 되지 않는다. 웨이먼드만 따라가지 않았더라면.

　버스에 틈이 생기면 국세청에서 변명을 늘어놓는 초라한 현실 우주로 다시 돌아오고, 또다시 기상천외한 엉뚱한 행동을 하면 다른 우주로 이동한다. 그녀는 모든 것이다. 셰프가 되었다가, 경극 배우가 되고, 핫도그 손가락으로 살아가는 동성애자가 되었다가, 쿵푸 마스터가 된다. 모든 것이 된 그녀는 어디에나 갈 수 있다. 그러다 어느 순간 에블린은 난관을 만나는데, 딸 조이의 얼굴을 하고 있는 악당 조부투파키가 나타난다. 자신의 의지와 상관없이 악의 신으로부터 세상을 구해야 한다는 사명을 부여받게 된 에블린은 연신 기상천외하고 그로테스크한 모습으로 바뀌는 조부투파키에 맞선다.

SF, 코미디, 무협 액션, 가족드라마, 판타지 등 영화에는 모든 것이 다 있고, 캐릭터들은 어디에나 갈 수 있다. 고전적인 플롯 구조를 따르지 않고, 버스 점핑과 함께 이 장르에서 저 장르, 이 모습에서 저 모습, 여기에서 저기로 순간 바뀌는 이야기를 따라가다 보면 뒤죽박죽이다. 조부투파키의 검정 베이글이 모든 것을 빨아들이듯이, 정신 사납게 왔다 갔다 하던 이야기도 하나의 목표점을 향해 나아간다. 수많은 우주가 펼쳐져도, 연속되는 선택에 대한 후회로 세상이 원망스러워도, 언제까지 버스 점핑을 하며 살아갈 수는 없다. 그러다 주변을 둘러보다 보니 온통 사랑스러운 모습 투성이다.

소세지 손가락 때문에 피아노 연주를 못하면 발가락으로 연주하는 우주에서는 중년 여자끼리 사랑하며 살아도 즐겁다. 사납게 오직 내 재산을 앗아가기 위해 사는 것 같은 세무조사원도 남편의 배신에 눈물 흘리는 여자다. 웨이먼드와 헤어져 스타가 된 우주에서는 다시 만난 연인을 그리워한다. 다른 세상에서는 세탁소 하면서 세금 내고 사는 삶을 선택하고 싶다는 옛 연인의 고백에 그 화려한 우주도 후회로 가득찬다.

요란하고 번쩍거리고 신기하고 난해한 이미지와 스토리는 모든 것을 빨아들여 결국 한 가지 지점을 향한다. 모든 것을 얹어먹는 베이글은 베이글도 아니듯, 모든 우주를 왔다 갔다 떠돌아도 그것은 여행이 아니다. 베이글로부터 깨달음을 얻은 에블린은 그 요란스러운 여정에서 먼저 손을 내민다. 다정함이라는 제스처를 가지고 다가가니 모든 것은 녹아내린다.

이혼 결심으로 꽁해진 남편도, 하나라도 잘못된 영수증만 나와도 업장 폐쇄를 명령할 기세인 세무조사원도, 이주자 퀴어로 살아가는 아픔으로 마음을 닫은 딸도, 별 볼 일 없는 남자 때문에 고생하는 딸이 미더운 아버지도, 그들의 우주에서는 다 이유가 있다. 이 수천 개의 우주가 모여서 만들어진 지금의 나, 어둡고 외로운 각자의 우주에서 떠도는 이들이 모인 현실은 충돌과 어지러움, 그 자체다. 정신없는 이동에서 에블린은 소박한 것을 깨닫는다. 다들 다정함과 보살핌이 필요하구나.

딸이 희대의 악당 캐릭터로 분하는 것은 꽤나 직설적이다. 나의 가족은 나의 웬수. 조이가 에블린에게 그런 것처럼, 에블린은 아버지에게 악의 신일지도 모른다. 140분의 정신 없는 스크린 여행에서 이게 무슨 영화인지 얼이 빠진 가운데에도 메시지는 고전적이다. 선택과 후회가 가득한 세상에 다정함이 있다면 가족은 사랑스럽다는 것. 〈스텔라 달라스〉(킹 비더, 1937)나 〈슬픔은 그대 가슴에〉(더글라스 서크, 1959) 같은 모성을 주제로 한 고전영화들과 유사한 메시지다.

정신 사나운 우주 여행을 경험하면서 나는 세 가지에 감탄하며 충격을 받았다. 하나, 팬데믹 이후 뉴노멀의 영화란 이런 것인가. 둘, 결국 답은 고전에 있는가, 셋, 컨티뉴이티가 없이도 몽타주만으로도 영화가 되는건가.

《Deadline》(2023. 1. 11.)에서는 알폰소 쿠아론, 기예르모 델 토로, 알레한드로 이냐리투 등 3인의 멕시코 출신 스타감독들이 모여 대담을 진행했다. 그들은 〈에에올〉에 대해 "한 세대가 이건 내 시대의 목소리였다고 말할 영화"이고, "1990년대 타란티노, 〈트레인스포팅〉이 한 것과 같은 일을 이 영화가 하고 있으며", "새로운 세대는 영화에 다르게 접근한다는 것을 보여주었다"고 의견을 모았다. 〈에에올〉은 올해 아카데미상 11개 상에 노미네이트되어 최다 후보를 낸 작품이 되었다. 이 영화가 작품상을 가져간다면, 1970년대 〈미드나잇 카우보이〉, 〈프렌치 커넥션〉, 〈대부〉와 같이 뉴아메리칸 시네마가 기성 영화시대를 교체한 사건에 비견될 것이다.

친구 사이로 함께 뮤직비디오를 만들고, 각본을 쓰며, 영화를 연출하는 다니엘 콴과 다니엘 샤이너트, 이 두 다니엘스는 88년, 89년생 삼십대 초반 젊은 감독이다. 이들은 30대 초중반의 데이미언 셔젤(〈바빌론〉), 아리 애스터(〈미드 소마〉), 샤프디 형제(〈언컷 젬스〉) 등과 함께 젊은 예술 영화 감독의 전성기를 열어가고 있다. 독립영화에서 주류로 나아가는 찬란한 길에 오스카가 꽃길을 깔아줄 것인지 관심이 간다.

전통 가족 코미디, 마니악한 SF 개그, B급 화장실 유머, 홍콩 무협, 재패니메이션, 뮤직비디오, 마블 수퍼히어로를 동시다발로 뒤섞으면서 하나로 나아가는 기이한 이 영화는 〈2001 스페이스 오디세이〉, 〈화양연화〉, 〈매트릭스〉, 〈패왕별희〉, 〈인디애나 존스〉, 〈구니스〉, 〈닥터 스트레인지〉, 〈라따뚜이〉 등 온갖 레퍼런스로 가득하고, 그 영화들의 장면을 밈으로 적극 활용한다. 아는 사람은 더 많이 보이고 더 재밌어진다.

〈기생충〉이 김기영과 클로드 샤브롤을, 〈헤어질 결심〉이 마스무라 야스조와 루키노 비스콘티를, 〈조커〉가 마틴 스코세지와 시드니 루멧을, 〈파워 오브 도그〉가 존 포드와 더글라스 서크를, 〈바빌론〉이 진 켈리와 스탠리 도넌을 인용하며 그들로부터 받은 영감을 현대 시네마로 창조했듯이, 다니엘스도 갖가지 레퍼런스에서 착안한다. 그러나 이들은 고전영화에 묶이지 않고 성룡의 무협영화까지 B급 영화와 문화를 다 가져오고, 니체의 허무주의 사상과 불교의 우주론까지 엮어버린다. 깊이를 논하는 것은 상관하지 않는다.

영화는 서사가 어디로 튀든지 간에 밈과 짤로 이어진 몽타주의 향연으로도 영화가 될 수 있음을 보여준다. CG를 가져와서 매끄럽게 이야기를 이어붙이기보다는 조형성을 이용한 컷 편집만으로도 현대 젊은 관객은 스토리 진행을 이해한다. 이런 방식이 조악하게 여겨지기보다 웃긴 개그로 받아들여지는 영화문화다.

거기에 아시아 여성 같은 마이너리티 주인공이나 이민자 서사는 이제 더 이상 슬프고도 감동적인 요소가 아니다. 〈조이럭클럽〉(1993), 〈결혼피로연〉(1993), 〈페어웰〉(2019)과 같은 시노 디아스포라 영화들이 부모와 자식이 문화 장벽과 세대 차이로 갈등하다 끝내 봉합하는 전형적인 가족 드라마였다면, 〈에에올〉은 디아스포라 가족 드라마 위에 B급 정서를 가지고 웃기고도 맛있는 조합을 만들어내기에 범세계적 대중성을 가진다.

모든 것은 이유가 있고 아름답다. 어디에 있건 나름 숭고한 행복이 있다. 차가운 돌들도 움직이게 할 만큼 가족과 이웃의 다정한 보살핌은 우주도 뒤흔든다. 각자의 우주에서 외롭게 삶을 헤쳐나가는 이들은 가족과 이웃이라는 공동체로 확대된다. 몇 년간의 고립과 격리로 힘든 우리 모두가 잊고 지내왔던 것이 무엇인지 떠올리게 하는 뭉클하고도 웃긴, 혼란스러운 영화다.

정 민 아 yedam98@hanmail.net

성결대학교 영화영상학과 교수. 영화평론가. 한국영화사와 아시아영화 비교 연구를 해왔으며, 『다시 한국영화를 말하다: 코리언뉴웨이브와 이장호』『K컬처 트렌드 2023』『봉준호 코드』『필름 크래프트: 프로덕션디자이너』 등 저역서가 있다. 부산국제영화제, 부천국제판타스틱영화제에서 심사위원을 했다.

# 하마구치 류스케 감독
## Hamaguchi Ryusuke

### 우연과 상상

**감독** 하마구치 류스케
**출연** 후루카와 코토네, 현리, 나카지마 이유무, 모리 카츠키
**각본** 하마구치 류스케
**제작** 타카다 사토시
**촬영** 이이오카 유키코
**제작사** 네오파, 픽티브

# 우연한 틈 사이를 채우는 인생의 순간들

― 하마구치 류스케 감독 〈우연과 상상〉

전찬일(영화평론가)

"우연이 만들어내는, 조용히 아주 크게 움직이는 인생의 순간들이 있다. 이 영화는 그에 대한 상상의 결과물이다."

보도 자료에 나와 있는 이 설명보다 더 효과적·축약적으로 '이 영화'에 대해 말할 수 있을까? 감독 하마구치 류스케에게 71회 베를린영화제가 2021년 심사위원대상을 안겨준 〈우연과 상상〉 말이다. 우연찮은 만남에서 촉발된 세 편의 단편 영화 〈마법(보다 더 불확실한 것)〉, 〈문은 열어 둔 채로〉, 〈다시 한 번〉으로 구성된 옴니버스 장편 영화다. 첫 번째 편에서 메이코(후루카와 코토네 분)는 집으로 돌아가는 택시 안에서 친구 츠구미(현리 분)에게 새로운 연애 상대이자 그녀의 전 애인이었던 카즈

아키(나카지마 아유무 분)에 대해 듣고, 만나러 간다. 두 번째 편에서 여대생 나오(모리 카츠키 분)는 세가와 교수(시부카와 키요히코 분) 연구실을 찾아가 자신이 쓴 소설의 일부를 낭독하면서 그를 유혹하고, 세가와를 '파멸'시키려는 그녀의 남자친구 사사키(카이 쇼마 분)를 거든다. 세 번째 편에서 20년 만에 고향을 찾은 나츠코(우라베 후사코 분)는 그토록 만나고 싶던 동창생 아야(카와이 아오바 분)와 재회한다. 아야가 실제로 자신의 동창생인지 여부조차 확신하지 못하면서….

　〈우연과 상상〉은 몇 개월 뒤 74회 칸영화제에서 각본상을, 그 다음해엔 94회 아카데미상에서 국제장편영화상(옛 외국어영화상)을 안을 〈드라이브 마이 카〉와 나란히 26회 부산국제영화제BIFF에서 갈라 프레젠테이션을 통해 선보였다. '거장 감독의 신작 또는 세계적으로 주목 받는

화제작 가운데 감독이나 배우가 영화를 직접 소개하고 관객과의 만남을 갖는 섹션'이다. BIFF 프로그램 노트에서도 진단했듯, 그 셋은 전혀 별개의 에피소드이나 '우연과 상상'이란 주제에서 상통한다. "우연을 통해 때론 참담하게 비극적인, 때론 미소를 머금게 만드는 일들이 일어난다. 우연이라는 계기를 비집고 드러나는 세상의 형상을 하마구치의 영화는 고유의 스타일로 그려낸다. 그는 원래 우연에 관한 7개의 짧은 이야기를 떠올리고 이번에 3편을 만들었다고 한다."

　BIFF에서 조우한 위 두 영화는, 2018년 칸에서 〈아사코〉를 볼 때만해도 그저 '별난 러브스토리'쯤으로 치부하고 별다른 관심 없이 넘어가게 했던 '포스트-고레에다'를 일본 영화, 아니 아시아를 넘어 세계 영화의 미래를 결정지을 '젊은 거장'으로 비상시켰다. 〈드라이브 마이 카〉는 2014년 출간된 무라카미 하루키의 소설집 『여자 없는 남자들』에 실려

있는 7편 중 한 편인 동명의 단편 소설을 3시간 가까운 짧지 않은 영화로 옮긴 걸작이다. 〈우연과 상상〉에서만이 아니다. 그 걸작에서도 우연이 상상과 결합해 발산하는 그 '조용히 아주 크게 움직이는 인생의 순간들'은 가히 숨이 가빠질 정도로 압도적이다. 그 걸작보다 2주 먼저, 12월 9일 개봉되었고 국내 OTT 채널 왓챠 등을 통해서도 공개된 〈해피 아워〉(2015)도 마찬가지다. 단일 영화로는 일본 영화 사상 가장 긴, 5시간 30분에 달하는 또 다른 괴작이다. 제인 캠피온의 〈파워 오브 도그〉를 비롯해 〈라스트 듀얼: 최후의 결투〉(리들리 스콧), 〈퍼스트 카우〉(켈리 라이카트), 〈티탄〉(쥘리아 뒤쿠르노), 〈램〉(발디마르 요한손), 〈듄〉(드니 빌뇌브) 등 주목해야 할 수·걸작들이 유난히도 많았던 2021년의 '영화 베스트 10'을 대중음악 전문 온라인 매체 《이즘》에 선정·발표하면서 '마침내' 이 두 걸작을 공동 1위에 위치시킨 것은 무엇보다, 작가이자 감독 하마구치 류스케가 구현한 그 '인생의 순간들'과 '고유의 스타일'에 치명적으로 압도당해서였다. 하물며 제목에서 '우연'과 '상상'을 전격적으로 내세운 영화임에야 더 말해 뭐하겠는가.

만약 〈우연과 상상〉이 2021년에 개봉했더라면, 공동 1위작은 3편으로 늘어났을 게 틀림없다. 지금 이 시점에서도 그 세 영화의 순위를 결정지을 자신이 없다. 그것은 곧 이 세 영화에서 위계를 따지는 것은 별 의미가 없다는 사실을 함축한다. 또한 '하마구치 월드'는 개별 영화적으로가 아니라 전통적 의미에서의 소위 '작가auteur'라는 더 큰 맥락context에서 접근해야 비로소 그 윤곽이 드러나고, 그 전모가 선명히 파악될 수 있다는 것을 의미한다. 128살에 접어든 공식 세계 영화역사에서 이런 경우가 있었던가, 자문해보면 단언컨대 없다.

하마구치 감독이 자신의 절대적 스승으로 간주·존중해온 구로사와 기요시도 예외가 아니다. 한국 감독 가운데 하마구치 감독이 홍상수와 더불어 가장 좋아한다는 봉준호가 '인생 영화 베스트 10' 중 한 편으로 꼽은 〈큐어〉(1997)는 말할 것 없고 〈카리스마〉(1999), 〈회로〉(2001), 〈밝은 미래〉(2003), 〈도쿄 소나타〉(2008), 〈산책하는 침략자〉(2017), 그리고 2020년 베니스영화제 감독상에 빛나는 최근작 〈스파이의 아내〉에 이르기까지 기요시 감독의 그 어느 영화도 하마구치의 어떤 경지에 견줄 순 없다(는 것이 내 총평이다). 〈우연과 상상〉을 만든 결정적 계기로 언급된 에릭 로메르도 (내겐) 매한가지다. "단편영화 작업은 창작의 리듬을 만들어 주는 중요한 것"이라며 단편영화를 향한 애정을 공공연히 역설해온 하마구치가 〈우연과 상상〉처럼 3개의 단편영화로 이뤄진 그 프랑스 누벨바그의 노련한 거장의 〈파리의 랑데부〉(1995)를 끌어들이며 "이와 같은 방식이면 단편영화가 지닌 한계를 해결할 수 있을 거라 믿었다"지만, 그 거장의 영화들도 하마구치의 상기 세 영화들처럼 압도적이진 않다. 적어도 내게는.

하마구치를 향한 내 관심을 애정으로, 나아가 열광으로 비상시킨 영화는 상기 세 걸작 장편영화 이전에 이 단편영화였다. 2019년 제2회 짧고 굵은 아시아영화제에서 선보였던 〈천국은 아직 멀어天国はまだ遠い〉(2016)다. 17세에 죽은 여 동급생 유령과 기이한 공동생활을 하면서 AV영화 모자이크 작업으로 생계를 유지하는 주인공과, 죽은 언니에 관한 다큐멘터리를 만들다 그에게 언니가 빙의되었는지 여부를 확인하고 싶

어 인터뷰를 제안하는 또 다른 주인공을 중심으로 펼쳐지는 휴먼 드라마. 너무나도 기발한 천재적 상상력에 감탄이 절로 나오는 그 단편은, 그 외연에서는 적잖이 달라도 그 내포에서 〈해피 아워〉와 그 이후의 두 영화들을 이어주는 가교로 손색없다. 영화는 "유령과 신체에의 빙의, 존재하는 것과 존재하지 않는 것, 스크린에 비치는 것과 보이지 않는 것, 만질 수 없는 접촉 불가, 증언의 불확실성의 테마"를 두루 제시한다.

이렇듯 장편이건 단편이건, 또 극영화건 다큐멘터리건 하마구치 영화들에는 그 '고유의 스타일'과 '인생의 순간들'이 관류한다. 하마구치 영화들에서 관건은 캐릭터와 캐릭터를 이어주는 어떤 '사이'요, 그 사이의 채움을 통해 드러나는 개별 캐릭터들의 어떤 존재감들이다. 캐릭터가 인간 존재로 바뀌어도 무방할 터. 그의 영화들은 인간의 삶과 죽음에 대한 이해를 그 비교의 예를 찾기 어려울 정도로 심화·제고시켜준다.

그에게 영화는 철저히 우리네 인류 사회를 위해 존재한다고 할까. 여느 영화광들처럼 그 반대가 아니라….

그 점에서 하마구치 그는 천상 휴머니스트다. 어떻게 보면 작금의 포스트-휴먼, 트랜스-휴먼 시대, 달리 말해 디지털 시대에 어울리지 않는 아날로그적 고전주의자랄까. 아울러 그는 코스모폴리탄적 아나키스트임이 분명하다. 그의 영화들에는 여느 일본 영화들에서 흔히 발견·감지되는 권위주의적 위계질서 따위는 도저히 찾아볼 수 없다. 다시금 역설컨대 그 정체성을 파악하는 것이 '하마구치 월드'에 근접하기 위한 최우선적 첩경이다.

나는 그의 영화를 볼 때마다, 별다른 액션도 없이 주고받는 인물들의 대사가 얼마나 역동적일 수 있는지 감탄하곤 한다. 그 어떤 액션 영화도 그렇게 다이나믹하지 않다. 뿐만 아니다. 그의 영화들은 소위 '예술영화'의 범주에 들어가야 마땅하나, 여느 예술영화들과는 달리 난해하기는커녕 접근 불가한 요소들이 거의 없다. 그 지점에서 그는 장 뤽 고다르, 라이너 베르너 파스빈더 등 서구의 대표적 작가 감독들은 물론이거니와 여러모로 비교될 법한 태국의 아피찻퐁 위라세타쿤, 이란의 압바스 키아로스타미 등과도 판이하게 다른 자기만의 독자적 영화 세계를 구축해내는 데 성공했다. 고작 40대 초반의 이른 나이에….

그래서 나는 확신한다. 언제부터인가 세계 영화사는 '하마구치 류스케 이전과 그 이후'로 나뉘게 될 거라고. 〈우연과 상상〉을 포함해 이 원고에서 다뤄진 영화들이 그 좋은 증거들이다.

**전 찬 일** filmtogether@naver.com
영화평론가, 경기영상위원장, 인터넷신문 《한류역사문화TV》 편집인·대기자. 팟캐스트 매불쇼 '씨네마지옥' 코너에 고정 출연 중이다. 저서로 『봉준호 장르가 된 감독』(2020) 등이 있다.

# 조셉 코신스키 감독
# Joseph Kosinski

---

### 탑건: 매버릭

---

**감독** 조셉 코신스키

**출연** 톰 크루즈, 마일스 텔러, 제니퍼 코넬리, 존 햄, 글렌 파월

**각본** 크리스토퍼 맥쿼리, 에런 크루거, 에릭 워런 싱어

**음악** 해롤드 팔터마이어, 레이디 가가, 한스 짐머, 론 발프

**제작** 제리 브룩하이머, 데이비드 앨리슨, 톰 크루즈, 크리스토퍼 맥쿼리

**촬영** 클라우디오 미란다

**제작사** 파라마운트 픽처스, 스카이댄스 미디어, 돈 심슨 & 제리 브룩하이머 필름

# 찬란한 환상과 순수한 광기 사이,
## 영화가 무슨 꿈을 꾸는가

— 조셉 코신스키 감독 〈탑건: 매버릭〉

송경원(영화평론가)

36년 만의 귀환. 2022년 한국 여름 극장가의 진정한 승자는 〈탑건: 매버릭〉이었다. 800만 명을 동원한 흥행 스코어도 그렇지만 여름 내내 장기 상영과 흥행에 성공하며 관객의 사랑을 받았다는 점에서 각별하다. 〈탑건: 매버릭〉의 의미와 가치에 대해 말하려면 타이밍에 대한 이야기를 하지 않을 수 없다. 질문하자면 왜 하필 지금이었을까. 이 영화가 온전한 모습으로 돌아오는데 36년의 시간이 필요했던 걸까.

결론부터 말하자면 그런 것처럼 보이진 않는다. 1986년 〈탑건〉의 성공 후 당연하게 속편 기획이 진행됐다. 하늘 위의 낭만과 불꽃 같은 청춘의 패기, 정교한 공중전 묘사가 시너지를 일으킨 이 영화는 그저 재미

난 블록버스터 이상의 복잡한 속내를 감추고 있었다. 당시 베트남전 이후 상처 입은 미군, 아니 미국의 자존심을 회복할 수단이 필요했고 언제나 그렇듯 영화는 좋은 프로파간다의 도구다. 그렇게 〈탑건〉은 베트남전 이후 최초로 미군의 전폭적인 지원 속에 제작되었고, 개봉 후 실제로 미 해군의 지원율이 큰 폭으로 오르기도 했다.

물론 〈탑건〉은 선전선동 영화라기보다는 즐거운 롤러코스터에 가깝다. 비록 전면에 내세운 의도가 아니라 할지라도 영화 속에 전쟁에 대한 긍정적인 이미지가 부여된 건 틀림 없다. 당대 평단에서 반응이 엇갈린 것도 이런 이유가 작용했던 게 사실이다. 〈탑건〉은 속편이 바로 만들어질 수 있는 상황을 갖춘 영화였다. 월드와이드 박스오피스 1위의 흥행은 감독을 맡았던 토니 스콧에게도 최대 흥행작이었다. 블록버스터, 아니 영화산업은 이런 기회를 낭비하지 않는다. 그럼에도 〈탑건〉은 성공이 보장된 속편을 선보이지 못했다. 여러 이유가 있었지만 가장 큰 이유는 이 영화를 통해 세계적인 스타로 도약했던 톰 크루즈의 거절 때문이라는 설이 지배적이다. 톰 크루즈는 〈탑건〉이 오락영화로서 완성된 이야기라고 판단했고 이를 뛰어넘는 시나리오가 나오지 않는 한 출연하지 않겠다고 선언한다.

그렇다면 〈탑건: 매버릭〉은 〈탑건〉을 넘어선, 더 완벽한 이야기인가. 관점에 따라 다르겠지만 적어도 나는 그렇게 생각하지 않는다. 한편으론 그래서 더 흥미롭고 매력적이다. 〈탑건: 매버릭〉은 1986년 〈탑건〉의 속편이 아니다. 차라리 리메이크에 가깝다. 〈탑건: 매버릭〉은 1986년

〈탑건〉이 선보였던 이야기를 고스란히 반복한다. 당시에도 〈탑건〉은 빼어난 스토리라인이라는 평가를 듣진 못했다. 서사는 빤하고 진부한데 화려한 볼거리, 감각적인 영상미, 미군의 지원을 받은 생생한 영상 등 외적인 요소로 눈길을 모았던 영화다. 36년만에 돌아온 〈탑건〉의 속편은 1편의 이야기 구조를 그대로 차용해 왔다. 실행 불가능한 작전이 주어지고, 최고의 팀이 꾸려지고, 라이벌 구도가 형성되고, 끝내 미션을 수행해낸다. 그게 전부다.

그때는 그저 그랬던 이야기가 지금은 매력적인 건 어떤 이유에서일까. 달라진 건 오직 세월뿐이다. 모든 것을 바뀌게 하기에 족한 36년의 세월. 역설적이지만 넘을 수 없는 시간의 벽이야말로 오늘날 관객이 〈탑건: 매버릭〉에 환호하는 결정적인 비결이다. 그때는 낡고 진부해 보였던 이야기가 지금에 와서 진정성 있는 이야기로 거듭나는 이유는 단순하다. 모든 것이 변하는 와중에도 변하지 않는 무언가를 목격할 때 우리는 이 낡고 오래된 이야기에 환호한다. 생각해보면 할리우드 영화가 우리에게 주는 환상도 그러하다. 현실이 아닐지라도 희망을 안겨주는 해피엔딩. 그 중심에 다름 아닌 톰 크루즈가 있다. 〈탑건〉은 실상 미해군 최고의 파일럿에게 수여되는 '탑건'들에 대한 영화였을지 몰라도 〈탑건: 매버릭〉은 아니다. 이 영화는 온전히 '매버릭'이라고 하는 비타협적인 반항아, 영웅을 위한 헌사다. 속편의 제목이 〈탑건2〉가 아니라 〈탑건: 매버릭〉인 이유라고 해도 좋겠다.

세상과 타협하지 않는 에이스 파일럿 매버릭(톰 크루즈 분)은 30여 년

의 시간이 흘렀지만 아무 것도 변하지 않았다. 라이벌이었던 아이스맨 (발 킬머 분)이 장군이 될 때 매번 문제를 일으켜 진급도 제대로 하지 않은 매버릭은 아직 대령이다. 정확히는 자발적으로 대령 자리에 머문다. 매버릭은 영원한 파일럿이고 지금도 여전히 현역으로 왕성히 활약 중이다. 이런 설정 자체가 마치 톰 크루즈를 닮았다. 톰 크루즈는 할리우드 스타를 넘어 하나의 장르이자 아이콘, 아니 전설이 되어가는 중이다. 세월의 흐름에 정면으로 저항하며 아날로그에 기반한 실제 스턴트 액션을 고집하는 할리우드 히어로는 CG가 지배한 할리우드에서 어느덧 (비록 일부일지라도) 시네마의 대변자로 자리매김하는 중이다. 톰 크루즈의 본질이 바뀐 건가. 아니다. 톰 크루즈는 블록버스터 상업영화 외에 스탠리 큐브릭 등 고집 있는 작가 감독들과 색깔 있는 영화를 꾸준히

찍어왔다. 영화를 위해 사는 것처럼 톰 크루즈는 마치 필름 속 영원히 늙지 않는 아이콘처럼 지금도 세월을 비껴가며 왕성히 활동 중이다. 영원한 파일럿으로 남고자 하는 매버릭의 저항과 톰 크루즈의 존재는 스크린의 경계를 부수고 한 몸이 되어가는 중이라 해도 과언이 아니다.

〈탑건: 매버릭〉의 서사는 진부하다. 1편에서 30년이 흐른 뒤 점점 무인기가 파일럿을 대체하는 시대가 오고 있다. 여전히 현역 파일럿으로 세월에 저항 중인 매버릭은 불가능한 미션을 수행시키라는 명령을 받고 탑건의 훈련학교 교관으로 발령받는다. 처음엔 거부하지만 절친 아이스맨의 부탁과 과거의 인연으로 결국 수락한다. 매버릭은 과거 자신의 윙맨이었던 구스의 아들 루스터(마일스 텔러 분)를 교육하면서 조금씩 과거의 상처와 앙금을 정면으로 마주한다. 마침내 작전 당일, 최고의 실력을 입증한 매버릭은 결국 교관이 아닌 파일럿으로 작전에 참여해 루스터를 비롯한 동료들과 함께 기적을 이뤄낸다. 전작의 성공요인을 잘 파악하고 고스란히 부활시킨 〈탑건: 매버릭〉의 핵심은 파트너의 아들 루스터와의 갈등과 봉합이다. 전형적인 할리우드 서사에 피가 끓어오르는 건 매버릭이 버텨온 30년의 세월 때문이다. 〈탑건: 매버릭〉은 36년 시간의 간격 뒤에 뒤늦게 도착한 것들, 아니 아직 생존한 것들에 대한 애정으로 흠뻑 젖은 영화다. 1986년 〈탑건〉이 시대의 열기가 투영된 범상한 청춘영화였다면 36년이 지난 뒤 도착한 〈탑건: 매버릭〉은 살아남은 자의 진심을 전하는 진귀한 사례로 변모한다.

매버릭은 특출난, 혹은 이질적인 존재다. 하늘과 비행, 속도를 향한 그의 갈망은 차라리 순수에 가깝다. 대척점인 아이스맨은 전투의 승리

와 생존, 군사적 목적의 성취를 위해 비행하지만 매버릭은 비행 그 자체를 위해 비행한다. 목적이 배제된 순수한 욕망은 그 자체로 광기라고 해도 좋겠다. 사실 사랑에 빠진다는 건 그런 거다. 선악, 옳고 그름 바깥에서 기꺼이 어떤 열망에 몸을 불사르는 상태. 그리하여 아이스맨은 상식의 세계에서 제독이 되었고, 매버릭은 주변의 시간을 붙들어 맨 채 여전

히 대령의 자리에 남아 있다. 이것은 실패가 아니다. 매버릭은 마치 사진처럼 시간마저 박제시키며 자신의 순수한 열망을 여전히 수행 중이다.

조종사들의 시대가 결국 끝이 날 거라는 제독의 단언에 매버릭은 답한다. "언젠가는. 하지만 오늘은 아니다Maybe so, sir. But not today." 이 선언이 유독 애잔하게 들리는 건 '언젠가는'이라는 단서가 깔려 있기 때문이다. 매버릭 역시 자신의 길이 끝까지 이어지지 못할 것이라는 걸 안다. 영원한 건 없다. 그렇기에 사랑에 빠진 자는 순간을 불태우고 기꺼이 사라진 뒤에 영원으로 기록되는 길을 택한다. 이것은 실패함으로써 남겨진 것들에 관한 이야기다. 적어도 현실에서는 그렇게 작동된다. 하지만 〈탑건: 매버릭〉은 그걸 실패와 미결로 남겨두는 대신 기어이 오늘의 승리로 포장해버린다. 적극적이고 공격적인 방식으로 환상을 향해 투신한다고 해도 무방하다. 시대의 물결에 떠밀려간 것들을 대변할 더할 나위 없는 달콤한 환상.

할리우드영화의 권능은 그것이 진실이 아님에도 기꺼이 만끽하는 해피 엔딩으로부터 발생한다. 물론 영화라는 꿈에서 깨면 다시 초라한 현실로 돌아와야 할지도 모른다. 하지만 그렇다고 한여름 밤의 꿈을 미리 포기할 필요는 없다. 금새 사라질 꿈인 줄 알았던 매버릭의 고집은 이제 톰 크루즈의 육체를 빌어 현실이 된다. 다시 처음으로 돌아와, 이 영화에 36년의 시간이 필요했는가. 산업적으로는 비효율적인 선택이다. 하지만 그 어리석은 선택 덕분에 2022년의 우리는 36년의 세월에 무르익은 진심을 목격한다. 현실(땅)로부터 한없이 유예된, 스크린(하늘)에 머무는 것은 어쩌면 영화의 근원적인 욕망 중 하나다. 〈탑건: 매버릭〉이 끝내 고집해낸 환상 역시 하늘(혹은 영화)에 머무는 일이다. 36년의 간격을 두고 다시 반복된 이 영화의 순수함, 혹은 찬란한 광기에 마음을 빼앗기는 건 당연한 일이다.

송 경 원 enki@cine21.com
《씨네21》 편집장. 씨네21 영화평론상을 수상하며 영화평론가로 데뷔. 동국대 영상대학원 영화이론 박사과정을 수료. 한국영화평론가협회 총무간사로 활동. 부산일보 영화상, 부천국제영화제, 서울국제애니메이션영화제 등 심사위원 역임. 현재 유튜브 채널 무비썸을 진행 중이며 영화 뿐 아니라 게임, 애니메이션에 대한 비평도 병행.

사진 제공: CJ ENM

박찬욱 감독

2023 오늘의 영화 수상자 〈헤어질 결심〉의

# Park Chan-wook

영화 〈달은… 해가 꾸는 꿈〉으로 감독 데뷔. 영화 〈공동경비구역 JSA〉, 〈복수는 나의 것〉, 〈올드보이〉, 〈친절한 금자씨〉, 〈싸이보그지만 괜찮아〉, 〈박쥐〉, 〈스토커〉, 〈아가씨〉, 〈헤어질 결심〉 등 연출. TV 시리즈 〈리틀 드러머 걸〉 연출. 칸영화제 심사위원대상(2004), 심사위원상(2009), 감독상(2022), 백상예술대상 영화부문 대상(2017), 감독상(2001, 2004), 청룡영화상 감독상(2000, 2003, 2022), 각본상(2008, 2022) 등 수상.

# "차근차근 작은 것들로 쌓아가는 그런 발전이 더 현실적이고 우리 삶에 가깝다고 생각했습니다"

— 영화 〈헤어질 결심〉의 박찬욱 감독 인터뷰

인터뷰어_강유정(영화평론가, 본지 기획위원)

《쿨투라》가 해마다 문화예술인 100명의 설문 추천을 통해 선정하는 2023 〈쿨투라 어워즈〉 오늘의 영화 부문에 박찬욱 감독의 〈헤어질 결심〉이 압도적인 추천을 받아 선정되었다.
촬영 등의 일정으로 미국에 체류 중인 박찬욱 감독과 미국 서부시간으로 1월 25일 저녁 8시, 한국 시간 1월 26일 오후 1시에 화상 인터뷰를 진행하였다. – 편집자 주

**강유정** 안녕하세요. 바쁘신데 이렇게 귀한 시간 내주셔서 감사합니다. 제가 아주 신인 때 한 15~6년 전에 오동진 선생님, 전찬일 선생님 이렇게 같이 한 번 뵀던 적이 있어서 저한테는 굉장히 영광이었던. (웃음) 2005년에 박찬욱 감독님 〈올드보이〉로 제가 데뷔를 했기 때문에….

**박찬욱** 반갑습니다. 오랜만에.

**강유정** 2023년에 올해 '작가'가 선정한 올해의 영화 최고 작품으로 〈헤어질 결심〉이 선정이 되었고요. 그래서 올해 감독님이 쿨투라 어워즈 영화 부문에 수상자가 되셔서 인터뷰를 진행하게 된 겁니다. 축하드립니다.

**박찬욱** 네 고맙습니다.

**강유정** 지금 한창 캠페인 중이라서….

**박찬욱** 거의 끝난 거죠 이제.

**강유정** 거의 끝나가고 있나요? 사실은 지금 한국에서는 조금 시끄럽습

그래서 작은 거, 그런 표정이나
예를 들면 그냥 잠을 재워준다,
어떤 알 수 없는 이상한 근거 없는 기법을 가지고
그냥 뭐라고 뭐라고 중얼중얼하는데 심지어는 그게
중국어로 바뀌어서 내용도 모르는 어떤 그냥 소리로
전환되고 그런 것만으로도, 그것만으로도 꿀잠을 재울
수 있다 하는 식의, 그런 작은 것들. 첫 만남에서도
'마침내'라는 단어를 듣고 그것을 음미하면서….

니다. 후보 불발된 것에 대해서. 예 그래서 여쭤보지 않을 수는 없을 것 같아요. 네 제가 이거 질문지 작성할 때만 하더라도 약간은 당연히 노미네이트는 되지 않을까, 라는 전제로 했던 거기도 하기 때문에 여쭤보지 않을 수는 없을 것 같아요.

**박찬욱** 여기서도 말이 많긴 하던데 뭐 그거야 언제나 어떤 영화제든지 간에 후보 선정이나 수상작 선정에서 '나라면 다르게 할 텐데'라는 생각을 하면서 보아왔고 누구나 그렇지 않겠습니까? 사람마다 다 각각의 후보가 있고 후보작이 있고 수상작이 다 있겠죠. 그러니까 그런 선택에 대해서 이렇다 저렇다 말할 수는 없는 일입니다. 제가 지금 현재 촬영 중인데, 한국인 스태프들은 발표가 난 다음에 눈도 안 마주치고 언급을 안 하고 쓱 모르는 척하고 지나가는데 미국인 스태프들은 와서 이 상에서 후보 떨어진 거

제가 예전에 〈올드보이〉 볼 때도 아버지이자 애인이라는
정체성과 딸이자 애인이라는 정체성 사이 일종의
이중국적자로서 선택하는 얘기로 보였고 마지막에
무언가 선택을 하는 이야기로 보였거든요. 근데 이 이중적
정체성이라는 관심 그러니까 이번에도
초록이자 파랑 이렇게 이중성에 대한 이야기들이
늘 매력적으로 보였던 듯해요.

정말 안 됐다는 표현을 해요. 너무 직설적으로 표현하니까 속으
로 '그냥 그런 말 하지 말아줘' 이렇게 생각하고는 합니다. (웃음)

**강유정** 그렇군요. 혹시 영국아카데미시상식BAFTA은 안 가세요?

**박찬욱** 어려울 것 같아요. 지금 촬영이 한창 진행 중이어서 촬영도 해야
되고 또 〈동조자〉 각본도 아직 덜 끝났어요. 일곱 개 에피소드
중에 마지막 한 개를 아직 만지고 있어요.

### "나는 붕괴되었어요" 이후의 해준의 삶

**강유정** 그러시군요. 그건 조금 천천히 좀 더 얘기를 해보고요 그래서 서
래랑 해준과는 이제 좀 헤어지고 있는 중이신가요 아니면 좀 헤

어졌나요?

**박찬욱** 이제 다음 작품을 찍고 있는 상태라서 완전히 헤어져 있어야 맞는데 그동안 어워즈 시즌에 발목이 잡혀가지고 완전히 벗어나지 못한 채로 살아왔어요. 어쨌든 이제 슬슬 벗어날 수 있는 환경이 된 거죠. 그래서 찍고 있는 작품에 온전히 몰두할 수 있는 상황이 된 것이 사실 좀 기쁘기도 해요. 제가 평일에는 신작을 찍고 주말에는 전작의 홍보를 하는 상태로 몇 달을 살았는데 이게 인간의 체력으로 할 일이 못 돼요. 그래서 후보가 안 됐으면 하는 마음도 조금 있었는데 차마 그런 생각을 눌렀던 것은 이 일에 관계된 사람들이 워낙 많고 또 우리 〈헤어질 결심〉의 배우와 스태프들 바람도 있기 때문에 '그런 생각을 하지 말아야지' 하고 혼자서 다짐을 하곤 했습니다. 이제는 다 정리가 된 거고.

**강유정** 워낙에 좀 여러 가지 일이 한꺼번에 진행되는 게 또 감독의 일이기도 하죠.

**박찬욱** 그렇죠. 제가 무슨 파티에서 이냐리투Alejandro González Iñárritu 감독을 만났는데 자기가 〈버드맨Birdman〉 준비하면서 〈레버넌트The Revenant〉 홍보를 해본 적이 있다고. 내가 지금 얼마나 힘든 처지인지 자기가 잘 안다고, 겪어보지 않았으면 모른다고 그렇게 위로를 하더라고요.

**강유정** 맞아요. 캠페인이라는 표현이 보통 선거 때 쓰는데, 맞는 것 같아요. 그 캠페인 과정 참 힘드실 것 같은데…. 〈헤어질 결심〉은 제가 오늘 인터뷰하기 전에 한 번 더 봐서 결국 다섯 번 봤어요.

**박찬욱** 어이구 고맙습니다 고맙습니다. (웃음)

**강유정** 저는 굉장히 좋아하는 영화이기 때문에 갑자기 이게 궁금해진 거예요. 서래를 믿었다가 결국 속았음을 깨달았던 순간 "나는 붕괴되었어요"라는 어마어마한 한국어 단어로 표현했습니다. 해준의 마지막 모습은 파도치는 바닷가를 헤매는 모습이었는데, 그렇다면 그 이후의 삶은 과연 어떻게 되었을지가 매우 궁금해졌어요. 서래가 완전히 실종된 이후의 삶은 과연 어떤 단어로 표현할 수 있을까요?

**박찬욱** 글쎄요 그건 생각 안 해봤는데, 제가 각본을 쓰는 단계에서는 서경 작가와 함께 이런저런 에필로그 같은 것을 만들어 본 적이 있어요. 그러니까 남겨진 사람으로서 해준이 어떻게 되었을까? 이런 경찰 내 감찰반 뭐 그런 데 자기가 스스로 가서 자기가 범죄를 은폐하고 범인을 놓아준 것에 대해서 고백을 하고 거기에 대한 조사를 받는 그런 장면도 생각해 본 적이 있고. 생각나는 건 그 정도인데 이런저런 대화는 나눴었죠. 근데 이제 결국은 그런 거 다 필요 없다고 생각해서 안 했지만. 해준이 어떻게 됐을 지에 대해서는 사실 생각해 둔 건 없어요. 결정해 놓은 건 없습니다.

**강유정** 사실상 감독님 작품을 보면 〈올드보이〉조차도 이후의 삶이 좀 그려졌거든요. 그런데 〈헤어질 결심〉은 이후의 삶이 잘 안 그려지더라고요.

**박찬욱** 어쨌든 서래가 죽었다는 흔적을 못 찾았으니까. 계속 희망을 갖고 살고 있을 것 같고, 서래가 바란 대로 밤에 잠도 못 자고 벽에 사진 붙여놓고 그녀 생각만 하고 그렇게 살았겠죠. 그러면 찾아 헤맸겠죠.

## 박찬욱 영화를 관통하는 불통의 세계

**강유정** 그래서 어쩌면 진짜 어른스러운 사랑 이야기는 그다음에 한 편 더 만들어 주시면 그 남자 이야기가, 어른스러운 사랑 이야기가 나오지 않을까 하고 저 나름 기대도 한번 해보기도 했습니다. 그래서 이 언어의 문제가 저는 굉장히 중요하게 들렸고 감독님 작품 세계에서 뭔가 이렇게 불통의 세계가 자주 목격되었던 듯해요. 그러니까 〈복수는 나의 것〉도 아이러니는 이렇게 들리는 자와 들리지 않는 자의 사이 그리고 〈박쥐〉에서도 종이 달랐죠. 두 종. 제가 이걸 다른 두 인간이라 썼다가 한쪽이 인간이라고 할 수 있을까 싶어서 말을 지웠어요. 〈아가씨〉에서도 서로 신뢰할 수 없는 두 화자는 또 약간 소통이 안 됐고. 〈싸이보그지만 괜찮아〉도 서로를 다른 종이라고 믿고 있었고. 그래서 〈헤어질 결심〉

도 결국은 불통이었는데 이 불통이 오히려 잘 통하는 약간 역설적 촉매제가 되고 있더라고요. 그런데 지금까지와는 좀 달랐어요. 그래서 불통을 다루긴 다루되 그 불통이 전혀 다른 촉매제가 되고 있길래 기존과 좀 다른 계기가 있었을까요?

**박찬욱** 저는 〈아가씨〉도 신분과 국적이 다른 두 여성이 결국은 하나가 되는 과정을 다루고 있으니까. 그런 장벽을 넘어서는 것에 관한 영화이죠. 그런 면에서는 전혀 새로운 영역으로 갔다는 생각은 안 합니다. 커뮤니케이션의 문제를 좀 더 본격적으로 다루고 있는 영화인 건 맞죠. 근데 그것이 장벽으로만 존재하지 않고 오히려 두 사람을 더 가깝게 만드는, 이 둘을 끌어당기고 그것을 넘어섰을 때 더 큰 즐거움을 주는 방식으로 작용하는 것 같긴 해요.

**강유정** 〈아가씨〉에서는 그게 소위 말하는 물리적 접촉을 통해서 순식간에 접속이 됐던 느낌이 있었거든요. 이빨을 만지는 장면이라던가 그리고 〈박쥐〉 같은 영화에서도 어떤 굉장히 초월적인 그런 종적 전환 순간 같은 것들이 있었다면, 〈헤어질 결심〉이 조금 난해했던 이유는 그런 감독님 영화에 나왔던 그런 마술적 순간이 의외로 잘 안 보였다는 거죠. 그래서 감독님이 표현하시기를 "둘만이 교감하는 아주 과거에서 온 사람 같다"라거나 내지는 "기품이 있다"라는 이 용어가 순간적 접속을 이해하기는 어려워서 제가 좀 다른 단계로 감독님이 진입했나 이런 생각이 좀 들었어요.

**박찬욱** 제가 어른스러운 사랑 영화라고 말할 때 이런 것도 아마 언급하고 싶었던 것 같은데, 마술적인 하나의 순간, 아주 드라마틱한 전환이 있기보다는 좀 '차근차근 작은 것들로 쌓아가는 그런 발전이 더 현실적이고 더 우리의 삶에 가깝다'라고 생각했습니다. 그래서 작은 거, 그런 표정이나 예를 들면 그냥 잠을 재워준다, 어떤 알 수 없는 이상한 근거 없는 기법을 가지고 그냥 뭐라고 뭐라고 중얼중얼하는데 심지어는 그게 중국어로 바뀌어서 내용도 모르는 어떤 그냥 소리로 전환되고 그런 것만으로도 꿀잠을 재울 수 있다 하는 식의 그런 작은 것들. 첫 만남에서도 '마침내'라는 단어를 듣고 그것을 음미하면서, 그리고 가만히 빤히 보면서 '저 사람의 패턴을 알고 싶다'라는 그런 호기심. 이런 식의 것들로 차근차근 쌓아 올라가는 거죠. 그래서 초밥을 먹고 같이 상을 치운다, 이런 작은 행위들. 제가 그전에 만들었던 영화에서의 아주 극적인 전환의 마법도 좋지만 또 이런 것도 좋은 것 같습니다.

**강유정** 제가 늘 내러티브 수업을 할 때 1번은 오이디푸스를 하면서 감독님의 〈올드보이〉를 같이 봐요. 같이 보면서 제가 굉장히 자주 하는 인용하는 감독님의 대사이자 감독님의 인터뷰이기도 한데 "왜 감금했는지 묻지 말고 왜 풀어줬는지를 물어봐라" 하면서 내러티브의 발생은 이런 데서 한다는 얘기를 하기도 했어요. 갑자기 궁금해서 여쭤보는데 감독님의 초기 작품이 갖고 있는

덜컹거리는 약간의 불완전함과 불일치가 주는 에너지가 있거든요. 〈올드보이〉 같은 제가 방금 말씀드렸던 이런 에너지들이 굉장히 〈헤어질 결심〉에서 정교한 것으로 바뀌긴 했으나 그 에너지가 또 박찬욱이다라고 생각하시는 분들도 많이 있단 말이에요. 그렇게 말하는 박찬욱다움에 대한 굉장한 애정을 느끼는 사람들에게는 또 어떤 말을 해주고 싶으신가요?

**박찬욱** 이런 영화도 만들고 저런 영화도 만드는 거죠. 제가 가진 영화적인 성향이라는 것이 이렇게 강한, 좀 뭐랄까, 대담하고 기이하고, 뭔가 그렇게 분출하는 것 같은 그런 힘을 추구할 때도 있고, 이렇게 조용하고 느리고 섬세하게 하고자 하는 그런 면도 있습니다. 그래서 무엇이 더 좋은 그런 것도 없고, 또 제가 이렇게 변했다고 느끼지도 않고요. 다음에는 또 어떤 작품을 만들게 될지 몰라도 이전같이 막 분출하고 뜨거운 그런 영화를 만드는 세계로 돌아가지 말라는 법은 없지요.

**강유정** 그러니까요. 저는 〈매드맥스Mad Max: Fury Road〉 보고 조지 밀러George Miller 감독은 나이 70 넘어서 저렇게 야성적인 영화를 거꾸로 더 만드는구나라는 생각이 들어서….

**박찬욱** 저는 그 정도는 아니지만…. (웃음)

**강유정** 왜요 감독님이 훨씬 더 갑자기 또 소위 말하는 좋은 의미의 미친 야성적 영화가 거꾸로 나올 수 있겠다는 생각을 또 기대도 하는데 지금 워낙에 미국에서 캠페인 과정을 하기도 하고 또 작품을 하고 계시기도 하니까 봉준호 감독이 말했던 좀 1인치 자막의 장벽이라는 재미도 있고, 의미도 있었던 수사에 대해선 어떻게 생각하시나요? 좀 무너졌는지 아니면 공고한지 감독님 의견이 좀 궁금합니다.

**박찬욱**  Q&A나 파티에서 많은 사람들을 만났는데 제 영화를 보러 온 사람들, 저와 대화를 나누고자 온 사람들은 당연히 그런 장벽을 느끼지 않는 부류의 사람들이기 때문에 그들과의 대화에서는 아무런 장벽을 못 느꼈죠. 근데 보통 관객이 어떤지는 직접 제가 느낀 바는 없어요. 그런 장벽이 완전히 없어졌다고는 못하겠죠 당연히. 다만 이제 넷플릭스를 비롯한 스트리머들의 활약 때문에 확실히 대중에게서도 많이 좀 낮아졌다는 것은 확실합니다. 그래도 적어도 미국에 한정해서 말하자면 완전히 대중적인 상황은 아니다라고 해야 되겠죠.

## 극장용 영화와 스트리머

**강유정**  그래서 그 다음 질문이랑 사실 연결된 건데 〈오징어 게임〉 같은, 방금 스트리머라는 표현을 쓰셨어요? 약간 구분된 표현을 쓰셨는데 이런 TV 쇼라든가 시리즈물들이 굉장히 대중적으로 이제

조회수라고 하죠? 많은 뷰어들을 가지긴 해서 대중적으로 확실히 달라진 건지 그리고 그런 스트리머들의 등장이 영화라는 고전적인 매체의 성격에 영향을 미치고 있다고 보시는지도 궁금합니다.

**박찬욱** 그러니까 한국에서만큼 미국은 그렇게 '극장용 영화가 위기다'라고까지 보지는 않는 것 같더라고요 제가 만나는 한정된 경험에서는. 아직도 극장용 영화의 산업은 활발하고 뭐 관심들도 많고 그렇긴 해요. 물론 숫자가 아직은 예전만큼 올라오진 않고 있지만 그렇게 비관적으로 보지는 않는 것 같아요. 그런데 넷플릭스가 등장하기 전부터 이미 HBO라든가 많은 케이블 TV에서 훌륭한 시리즈들을 만든 지가 오래됐잖아요. 그래서 "진지한 이야기는 영화가 아니라 TV로 해야 된다", 진지한 이야기를 하고자 하는 사람에게 "당신은 아직도 영화를 해? 이제 TV의 시대인데? 시리즈의 시대인데?"라고 하는 그런 이야기를 들은 지는 정말 오래됐어요. 저는 한 15년 정도 된 것 같아요. 예를 들면 〈트루 디텍티브True Detectives〉라든가 이런 것들이 나오고 그러면서 스트리밍 서비스 업체들이 거기에 더해지면서 좀 더 가속화 하는 면은 있죠, 확실히.

근데 이게 두 가지 면을 갖고 있죠. 영화를 만드는 사람 입장에서는 '선택할 수 있으니까 좋다'라고 보는 면이 있고요. 뭘 선택하냐면 긴 이야기를 할 수 있다는 거. 각본 단계에서 이미 '너무

길게 나왔다' 그래서 신scene들을 쳐내야 된다, 조연들을 막 없애야 된다는, 이미 각본 단계에서부터 그 노력을 시작한단 말이죠 영화감독들은. 그래서 아까운 장면, 아까운 인물들을 없애야 되는 게, 특히 촬영을 마친 상태에서 또 편집을 그렇게 해야 될 땐 더 가슴 아프죠. 돈 낭비도 많고. 그래서 시간을 맞추는 것이 늘 큰 부담스러운 일인데 시리즈에서는 그런 걸 하지 않아도 된다는 것이 참 뭐라고 말할 수 없을 만큼 큰 장점이에요. 그래서 소설가들이 한 권짜리 장편을 쓸 때도 있고 다섯 권짜리를 쓸 때도 있는 것처럼 감독들도 그렇게 선택할 수 있다는 것은 참 행복한 시대라고 할 수 있죠.

그런데 영화관에서 볼 수 없다, 이것은 또 문제가 되죠. 영화를 만들었을 경우에, 두 시간짜리 영화를 만들었을 때는 그게 좀 고민이 되는 문제예요. 차라리 6시간 7시간짜리라면 선택할 수 있는데 똑같은 2시간짜리 영화인데 이것을 극장에서 못 본다? 그냥 스트리밍 서비스로만 해야 된다고 하면 이게 진짜 어려운 문제가 돼요. 그런데 그게 또 어떤 면에서 어려우냐면은 내가 어떤 시나리오가 있어요. 그런데 그것을 제대로 구현하려면 200억 원이 필요해요. 그런데 영화 스튜디오는 100억 원밖에 못 주겠다고 해요. 그 대신 극장에 걸 수 있는 거죠. 근데 스트리밍 서비스 업체에서는 200억을 주겠다. 근데 극장은 못 건다. 이럴 때 이제 진정한 고민에 빠지게 되는 거죠. 그래서 제가 〈아이리시

맨The Irishman〉 같은 영화를 보면서 극장에서 보기 힘들다는 점이, 물론 저는 극장에서 두 번이나 봤지만 대부분의 사람들이 극장에서 못 본다는 사실이 너무 안타까웠어요. 근데 생각해 보면 어쨌든 간에 영화를 못 만드는 것보다는, 이런 영화가 세상에 없는 것보다는 이런 형태로라도 존재하는 것이 당연히 좋지라는 생각을 또 하게 됩니다.

**강유정** 근데 제가 말씀 듣다 보니까 또 다른 궁금증이 생기는데요. 감독님 같은 경우는 원작이 있는 작품을 영상화하는 경우가 많잖아요. 드라마로 만들었던 〈리틀 드러머 걸〉도 그렇고 지금 작업 중인 〈동조자〉도 이를테면 이미 완결된 얘기라는 거죠. 그런데 이를테면 TV쇼나 시리즈 같은 경우는 오리지널 시나리오를 만든 다음에 의외로 흥행이 잘 되거나 결과가 좋을 경우는 그 이후로 시즌 2, 시즌 3 이러면서 만들어내는 경우도 상당히 많다는 겁니다. 그렇게 본다면 왜 이렇게 약간 시리즈물일 경우에는 좀 오리지널 시나리오를 써서 좀 더 이렇게 확장된 이야기를 하지는 않으시는지에 대한 궁금증도 갑자기 좀 생기기도 했어요.

**박찬욱** 글쎄 뭐 각본을 쓰고 영화 촬영하는 과정에서 워낙 기간이 오래 걸리고 그러는 그 영화의 특성상 정련하고 아주 세공해서 각본을 완성을 하기 때문에 그 과정에서 아깝게 없애는 장면이나 조연 인물들도 있지만 아무리 그래도 한 편의 각본을 완성한 다음에는 그냥 그것으로 끝이라는 생각이 들어요. 더 이상 그러니까 계속 몇백 번이고 들여다보면서 정말 단어 하나라도 불필요한 게 있는지를 생각하거든요. 그래서 없애는데 여기다가 무언가를 덧붙인다는 생각을 하기 시작하면 뭔가 좀 신이 안 나고 이런 거 고민할 시간에 새로운 이야기를 하겠다는 생각이 들었어요. 여태까지는 그랬어요.

## 이중적 정체성에 대하여

**강유정** 그래서 늘 완결이 돼 있는 작품들로 시작을 하시고 끝을 맺는다는 생각을 갖게 된 듯한데, 최근에는 특별히 좀 이중적 정체성 얘기를 많이 하시는 듯해요. 물론 장르적으로는 첩보물 스파이물 이렇게도 나오고 사실 이번에 미스터리 로맨스라고도 불릴수 있는, 서래 캐릭터도 아주 이중적인 캐릭터라서 더 매력적이었던 것 같은데 좀 더 이중적 정체성에 대한 관심을 갖게 된 계기가 있으신 건지 아니면은 그냥 하다 보니 이렇게 결론적으로 이중적 정체성 이야기인지도 좀 궁금하기도 합니다.

**박찬욱** 제 삶에서 어떤 계기가 있지는 않았고 이런 종류의 이야기에 대해서 아주 어렸을 때부터 관심이 많았던 것 같아요. 그 이유는 전 잘 모르겠어요. 그냥 이건 제 인생과는 아무 상관없는 일이고. 음 제가 어렸을 때 아주 초등학생 때 그때부터 좋아했던 얘기들은 항상 그렇게 뭔가 정체를 숨긴다거나 알고 보니 다른 면을 갖고 있다든가 그런 이야기들을 좋아했고 그래서 제가 스파이 이야기를 언제나 좋아했던 것 같아요. 그들은 여러 개의 정체성을 가질 때가 많고 또 위장을 하고 또 연기를 항상 한다는 거. 연기하는 사람에 대해서도 관심이 많았어요. 그래서 어떤 자기가 원래 가진 정체성이 있는데 완전히 다른 뭔가를 창조해서 그것으로 살아간다. 이런 얘기를 좋아했던 것 같아요. 그게 사람마다 가지고 있는 욕망과 내면에 여러가지들을 갖고 있는데 그런데 하나의 인격으로만 산다는 것은 굉장히 가능성을 제한하고 상상력을 제한하고 그런 답답함을 느끼게 된 것 같아요.

**강유정**　제가 예전에 〈올드보이〉 볼 때도 아버지이자 애인이라는 정체성과 딸이자 애인이라는 정체성 사이 일종의 이중국적자로서 선택하는 얘기로 보였고 마지막에 무언가 선택을 하는 이야기로 보였거든요. 근데 이 이중적 정체성이라는 관심, 그러니까 이번에도 초록이자 파랑 이렇게 이중성에 대한 이야기들이 늘 매력적으로 보였던 듯해요. 근데 사실 이 〈동조자〉 같은 작품은 아예 이제 이 이중성이 표면으로 올라오는 이 이야기이니까.

**박찬욱**　그렇죠. 그러니까 어떤 사람이 있는데 그 관련된 사람들마다 다 다르게 보는 면이 있잖아요. 예를 들어서 교수님이 있다 그러면 제자들이 보는 그가 있고 남편이 보는 그녀가 있고 또 다 다른 사람마다 다르게 볼 텐데 그중에 진짜는 뭘까 하는 생각도 들고. 그 모든 것을 합쳤을 때도 뭔가 통합되지 않는 이것을 다 합쳐야 하나의 인간이다. 그런 면을 가진 것이 인간이기 때문에 그런 성격을 좀 강하게 드러내는 것이 좀 과장되게 영화적으로 표현하는 것이 저에게 늘 관심사였던 것 같습니다.

**강유정** 기품 있는 고대인이라는 해준 캐릭터를 보면 사실 저는 감독님이 많이 떠올랐어요. 감독님 캐릭터를 해준에 담은 게 아닌가 하는? 말씀하시는 어투나 단어의 선택이나 여러 느낌이 그냥 박해일이라는 배우에 얹어졌지만 저는 하여튼 보면서 계속 감독님의 인터뷰 장면이라든가 이런 걸 참 많이 떠올렸는데, 꼿꼿함 뭐 이런 것들. 그래서 그 기품이나 품위라는 단어에 대해서 좀 여러 번 또 생각하고 왔는데…. 사실 흥행에 대한 얘기랑 좀 연결해 보고 싶은데요. 품위 있고 기품 있는 생활에는 어느 정도의 돈이 좀 필요한 걸까요? 어쩌면 품위 있고 기품 있는 삶을 유지하고 구성하기 위해선 돈이 필요한 건 아닐까 생각해 보기도 했어요. 그래서 그 품위라는 게, 기품이라는 게 어떤 거라고 생각하셔서 그 캐릭터를 만들어냈는지도 궁금합니다.

**박찬욱** 해준 캐릭터하고 저하고는 아무 상관이 없어요. 전혀 닮은 점이 없는데. 오히려 거의 반대에 가깝다고 생각하면서 서경 작가와 함께 만들었어요. 그렇게 느끼신다면 그거는 박해일이 연기할 때, 남자 배우들은 그런 게 더러 있어요. 남자 감독이 남자 배우와 만날 때는 가끔 따라 하게 되는? 자기도 모르게. 배우가 그럴 때가 있는 걸 가끔 느낍니다. 사실 이 영화에서는 경찰관으로서의 자부심이 중요하다고 해준은 말을 하죠. 품위는 사실 돈으로 만들어진다기보다는 반대로 그렇게 돈이 많지 않은데도 유지하는, 돈 없이도 꼿꼿한 자세를 만드는 데 필요한 게 품위인 것 같습니다.

그리고 흥행에 대해서는 제가 천만을 바란다기보다는 언제나 말하는 일인데 투자자에게 손해 또는 후회를 안겨주지는 말아야 한다는 것이 상업 감독으로서의 최소한의 책임감이라고 생각해요. 물론 영화가 충분한 흥행을 못할 수 있는데 그러려고 노력을 해야된다는 거, 진심으로 최대한의 노력을 해야된다는 거죠. 나는 내 작품을 만족스럽게 만들었으니까 흥행 따위는 모른다, 라고 해서는 안 된다는 거. 그렇기 때문에 저와 가깝게 일하는 사람들은 잘 알죠. 각본을 만들 때나 뭘 할 때에도 항상 이게 관객을 설득할 수 있을까, 관객이 따라올 수 있을까, 이해를 할 수 있을까, 우리의 의도를 관객이 캐치할까 이런 것을 부단히 고민하거든요. 그리고 또 작품이 끝나면 사실 빨리 다음 작품으로 넘어가서 새로운 작품을 빨리 만들고 싶은 게 우리 마음인데 현대 감독들은 애프터 서비스 해야 될 일이 많잖아요. 그래서 그게 참 언제나 정말 이 직업에서 가장 힘든 부분인데 그래도 하려고 하는 것이 이게 결국 책임이라고 생각하니까 하는 거죠.

그래서 저는 그 당시에 개봉관에서 손익 분기점을 넘지 못해도 계속해서 다음 영화를 더 잘 만들고 다음 영화를 더 잘 만들면 감독 자체의 가치가 생기기 때문에 지나간 영화들도 또 다른 나라에서 사가기도 하고 계속 TV에서 방송을 하기도 하고 그런 식으로 수익을 창출해야 한단 말이죠. 그런 면에서 제가 영화제도 다니고 다음 영화를 더 잘 만들려고 하는 이유가 그렇게 계속 몇 년 노력하다 보면 〈복수는 나의 것〉 같은 영화도 결국에는 흑자로 돌아섰단 말이죠. 그런 노력을 한다, 그것이 제가 흥행에 임하는 자세입니다.

**강유정** 네 저는 어렸을 때 '아니 박찬욱 감독님도 흥행에 신경 써?'라고 크게 놀랐던 기억이 있습니다. 바쁜 일정이라, 지금 남은 시간이 빠듯하다 하셔서 마지막으로 이 질문 하나 하고 좀 정리하겠습니다. 지금도 물론 계속 〈동조자〉 작업하고 계신데, 그거 말고 읽고 계신 책이나 관심을 두고 있는 혹은 권유받은 책이 있는지 궁금해요. 어떤 게 있는지 말씀해 주시죠?

**박찬욱** 제가 지금 읽고 있는 건 『아우스터리츠Austerlitz』라는 소설, 독일 소설가 제발트W. G. Sebald의 그것을 거의 다 읽어가는데, 제발트가 정말 작가들의 작가랄까? 작가들이 좋아하는 작가 그런 명성을 익히 들어서 알고 있었는데, 최근에 제가 제일 존경하는 존르 카레John Le Carre 선생님의 유작을 읽었어요. 그게 『실버뷰 Silverview』라는 책인데요. 르 카레 선생님의 『실버뷰』를 읽으면 거기에 영국의 시골 마을에 작은 서점이 나오고 거기를 방문한 어떤 신사가 "여기 제발트 책은 없네요?"라고 말하는 게 나와요. 제발트 책을 갖춰놔야 진정한 서점이다라는 식으로. 그런데 마침 제가 한국에서 읽으려고 가져온 책 중에 제발트 책이 있었어요. 그래서 갑자기 읽고 싶어져서 이제 읽고 있는데, 너무나 꿈을 꾸는 것 같은 그런 황홀한 감각을 일으키는, 끝나지 않았으면 좋겠다는 생각이 드는 그런 소설이에요.

**강유정** 르 카레는 이미 작품으로 영향을 미쳤고, 제발트가 어떻게 영향을 미칠지는 좀 기대해 보면서…. (웃음)

**박찬욱** 제 영화하고는 아무 상관없는….(웃음)

**강유정** 어떻게 영향을 미칠지도 한번 기대를 해 봐야 될 듯합니다. 워낙 바쁘신 일정 중에 오늘 이렇게 시간을 내주셔서 정말 감사하고요 피곤하실 텐데 건강 관리도 잘하시길 바라겠습니다. 오늘 감사했습니다.

# 【 '작가'가 선정한 오늘의 영화 】 시리즈

# 【 '작가'가 선정한 오늘의 시 】시리즈

**2002** '작가'가 선정한 오늘의 시&시조 _ 고두현 「귀로」 外
기획위원 / 이우걸 장경렬 이경철 유성호 홍용희 김춘식   신국판 / 값 7,000원

**2003** '작가'가 선정한 오늘의 시 _ 신경림 「낙타」 外
기획위원 / 이지엽 맹문재 오형엽   신국판 / 값 8,000원

**2004** '작가'가 선정한 오늘의 시 _ 문태준 「맨발」 外
기획위원 / 문혜원 맹문재 유성호   신국판 / 값 8,000원

**2005** '작가'가 선정한 오늘의 시 _ 문태준 「가재미」 外
기획위원 / 문혜원 맹문재 유성호   신국판 / 값 8,000원

**2006** '작가'가 선정한 오늘의 시 _ 송찬호 「만년필」 外
기획위원 / 유성호 박수연 김수이   신국판 / 값 9,500원

**2007** '작가'가 선정한 오늘의 시 _ 김신용 「도장골 시편—넝쿨의 힘」 外
기획위원 / 유성호 박수연 김수이   신국판 / 값 10,000원

**2008** '작가'가 선정한 오늘의 시 _ 김경주 「무릎의 문양」 外
기획위원 / 이형권 유성호 오형엽   신국판 / 값 10,000원

**2009** '작가'가 선정한 오늘의 시 _ 송재학 「늪의 內簡體를 얻다」 外
기획위원 / 이형권 유성호 오형엽   신국판 / 값 10,000원

**2010** '작가'가 선정한 오늘의 시 _ 진은영 「오래된 이야기」 外
기획위원 / 유성호 홍용희 이경수   신국판 / 값 10,000원

**2011** '작가'가 선정한 오늘의 시 _ 심보선 「'나'라는 말」 外
기획위원 / 유성호 홍용희 함돈균   신국판 / 값 12,000원

**2012** '작가'가 선정한 오늘의 시 _ 안도현 「일기」 外
기획위원 / 유성호 홍용희 함돈균   신국판 / 값 12,000원

2013 '작가'가 선정한 오늘의 시 _ 공광규 「담장을 허물다」 外
기획위원 / 유성호 홍용희 함돈균   신국판 / 값 12,000원

2014 '작가'가 선정한 오늘의 시 _ 이원 「애플 스토어」 外
기획위원 / 유성호 홍용희 함돈균   신국판 / 값 12,000원

2015 '작가'가 선정한 오늘의 시 _ 유홍준 「유골」 外
기획위원 / 유성호 홍용희 함돈균   신국판 / 값 14,000원

2016 '작가'가 선정한 오늘의 시 _ 박형준 「칠백만원」 外
기획위원 / 유성호 홍용희 함돈균   신국판 / 값 14,000원

2017 '작가'가 선정한 오늘의 시 _ 나희덕 「종이감옥」 外
기획위원 / 유성호 홍용희 나민애   신국판 / 값 14,000원

2018 '작가'가 선정한 오늘의 시 _ 신철규 「심장보다 높이」 外
기획위원 / 유성호 홍용희 함돈균   신국판 / 값 14,000원

2019 '작가'가 선정한 오늘의 시 _ 유계영 「미래는 공처럼」 外
기획위원 / 유성호 홍용희 나민애 전철희   신국판 / 값 14,000원

2020 '작가'가 선정한 오늘의 시 _ 안희연 「스페어」 外
기획위원 / 유성호 홍용희 함돈균   신국판 / 값 15,000원

2021 '작가'가 선정한 오늘의 시 _ 허연 「가여운 거리」
기획위원 / 유성호 홍용희 함돈균

2022 '작가'가 선정한 오늘의 시 _ 김민정 「반투명」
기획위원 / 유성호 홍용희 함돈균

2023 '작가'가 선정한 오늘의 시 _ 박소란 「숨」 外
기획위원 / 유성호 홍용희 허희   신국판 / 값 15,000원

## 2023 '작가'가 선정한 오늘의 영화

2023년 12월 22일 1판 1쇄 인쇄
2023년 12월 28일 1판 1쇄 발행

지은이 | 박찬욱 강유정 외
펴낸이 | 孫貞順
펴낸곳 | 도서출판 작가
　　　　서울 서대문구 북아현로6길 50 (03756)
　　　　전화 | 365-8111~2 팩스 | 365-8110
　　　　이메일 | cultura@cultura.co.kr
　　　　홈페이지 | www.cultura.co.kr
　　　　등록번호 | 제13-630호(2000. 2. 9.)

기획위원 | 강유정 유지나 전찬일
편집 | 손희 설재원 박영민
디자인 | 박근영 오경은
영업 · 관리 | 이용승

ISBN 979-11-90566-76-6 (93680)

잘못된 책은 구입하신 서점에서 바꾸어 드립니다.
지은이와 협의하에 인지를 붙이지 않습니다.

값 15,000원